DE TAL
MANERA
AMÓ
DIOS...

Libros de John MacArthur publicados por Portavoz

¿A quién pertenece el dinero?
El andar del creyente con Cristo
El asesinato de Jesús
Avergonzados del evangelio
La batalla por el comienzo
Cómo obtener lo máximo de la
    Palabra de Dios
Cómo ser padres cristianos exitosos
El corazón de la Biblia
La deidad de Cristo
Distintos por diseño
El evangelio según Dios
La gloria del cielo
Jesús: preguntas y respuestas
La libertad y el poder el perdón
Llaves del crecimiento espiritual
Nada más que la verdad

Nuestro extraordinario Dios
El Pastor silencioso
Piense conforme a la Biblia
Los pilares del carácter cristiano
El plan del Señor para la Iglesia
El poder de la integridad
El poder de la Palabra y cómo
    estudiarla
El poder del perdón
El poder del sufrimiento
¿Por qué un único camino?
Porque el tiempo sí está cerca
Salvos sin lugar a dudas
Sé el papá que tus hijos necesitan
La segunda venida
El único camino a la felicidad

Comentario MacArthur del Nuevo Testamento

Mateo
Marcos
Lucas
Juan
Hechos
Romanos
1 y 2 Corintios

Gálatas, Efesios
Filipenses, Colosenses y Filemón
1 y 2 Tesalonicenses,
    1 y 2 Timoteo, Tito
Hebreos y Santiago
1 y 2 Pedro, 1, 2 y 3 Juan,
    Judas
Apocalipsis

DE TAL MANERA AMÓ DIOS...

ÉL HARÁ LO QUE SEA PARA ATRAERNOS A ÉL

JOHN MACARTHUR

Editorial
PORTAVOZ

La misión de *Editorial Portavoz* consiste en proporcionar productos de calidad —con integridad y excelencia—, desde una perspectiva bíblica y confiable, que animen a las personas a conocer y servir a Jesucristo.

EDITORIAL PORTAVOZ
2450 Oak Industrial Drive NE
Grand Rapids, MI 49505 USA
Visítenos en: www.portavoz.com

ISBN 978-0-8254-5808-8 (rústica)
ISBN 978-0-8254-6722-6 (Kindle)
ISBN 978-0-8254-7543-6 (epub)

1 2 3 4 5 edición / año 27 26 25 24 23 22 21 20 19 18

Impreso en los Estados Unidos de América
Printed in the United States of America

A Patricia:

a quien amo más que a la vida misma
y cuyo amor por mí está más cerca de la perfección
celestial que todo lo que he conocido en la tierra.

Contenido

Introducción 9

1 De tal manera amó Dios al mundo 15

2 Dios es amor 39

3 Mira, pues, la bondad... 55

4 ...y la severidad de Dios. 71

5 ¿Aprendí en la clase de párvulos todo lo que debo
   saber acerca del amor de Dios? 91

6 El amor de Dios por la humanidad 109

7 El amor de Dios por sus elegidos. 139

8 Cómo encontrar seguridad en el amor de Dios 161

Apéndice 1: No hay enojo en Dios, por Thomas Chalmers. 181

Apéndice 2: Sobre el amor de Dios, y si se extiende a los
   no elegidos, por Andrew Fuller 201

Apéndice 3: Cristo el Salvador del mundo,
   por Thomas Boston 207

Apéndice 4: El amor de Dios hacia el mundo,
   por John Brown. 225

Introducción

Hace algunos años tuve la oportunidad de pasar varios días viajando con los famosos músicos cristianos Bill y Gloria Gaither. En cierto momento le pregunté a Bill cuáles eran en su opinión las mejores letras cristianas jamás escritas... aparte de los salmos inspirados.

Sin dudar, comenzó a citar las palabras del himno "El amor de Dios", de F. M. Lehman:

¡Oh amor de Dios! Su inmensidad,
el hombre no podría contar
ni comprender la gran verdad,
que Dios al hombre pudo amar.
Cuando el pecado entró al hogar de Adán y Eva en Edén;
Dios los sacó, mas prometió un Salvador también.

¡Oh amor de Dios! Brotando está,
inmensurable eternal;
por las edades durará,
inagotable raudal.

Si fuera tinta todo el mar, y todo el cielo un gran papel,
y cada hombre un escritor, y cada hoja un pincel.
Nunca podrían describir el gran amor de Dios;
que al hombre pudo redimir de su pecado atroz.

Y cuando el tiempo pasará con cada reino mundanal,
y cada reino caerá con cada trama y plan carnal.
El gran amor del Redentor por siempre durará;
la gran canción de salvación su pueblo cantará.

Bill manifestó que ninguna letra en todo el himnario supera la tercera estrofa de ese himno. En realidad, pocos rivales vienen a la mente. La sola poesía es hermosa, pero el significado es profundo. Mientras meditaba en ese himno, la mente se me inundó con ecos de la Biblia. "Dios es amor", escribió el apóstol Juan (1 Jn. 4:8, 16), y "para siempre es su misericordia" es el estribillo en todos los veintiséis versículos de Salmos 136. Esas mismas palabras aparecen al menos cuarenta y una veces en el Antiguo Testamento. La misericordia de Dios es mejor que la vida, nos recuerda el salmista (Sal. 63:3). Dios es "misericordioso y clemente, lento para la ira, y grande en misericordia y verdad (Sal. 86:15)". Él "es bueno; para siempre es su misericordia" (Sal. 100:5).

En otra parte el salmista escribe: "¡Cuán preciosa, oh Dios, es tu misericordia! Por eso los hijos de los hombres se amparan bajo la sombra de tus alas" (Sal. 36:7). Y "las misericordias de Jehová cantaré perpetuamente... para siempre será edificada misericordia" (Sal. 89:1-2).

El Nuevo Testamento declara la prueba definitiva del amor de Dios: "Dios muestra su amor para con nosotros, en que siendo aún pecadores, Cristo murió por nosotros" (Ro. 5:8). "En esto se mostró el amor de Dios para con nosotros, en que Dios envió a su Hijo unigénito al mundo, para que vivamos por él. En esto consiste el amor: no en que nosotros hayamos amado a Dios, sino en que él nos amó a nosotros, y envió a su Hijo en propiciación por nuestros pecados" (1 Jn. 4:9-10). "Dios, que es rico en misericordia, por su gran amor con que nos amó... os dio vida juntamente con Cristo (por gracia sois salvos), y juntamente con él nos resucitó, y asimismo nos hizo sentar en los lugares celestiales con Cristo Jesús" (Ef. 2:4-6).

Y el versículo más conocido de todos afirma: "De tal manera amó Dios al mundo, que ha dado a su Hijo unigénito, para que todo aquel que en él cree, no se pierda, mas tenga vida eterna" (Jn. 3:16).

No es de extrañar que el apóstol se regocije: "Mirad cuál amor nos ha dado el Padre" (1 Jn. 3:1).

Es evidente que el amor y la bondad de Dios son temas persistentes tanto en el Antiguo como en el Nuevo Testamentos. Si la cantidad de espacio que la Biblia otorga al tema es algún indicio, difícilmente alguna verdad acerca de Dios es tan importante como su amor. En casi todas las páginas de las Escrituras aparece la bondad divina, su tierna compasión, misericordia, paciencia, generosidad y gracia. Todas esas virtudes son expresiones del amor de Dios.

La doctrina del amor de Dios no es en absoluto simple. Plantea una serie de dificultades filosóficas y teológicas. Por ejemplo, algunas de las preguntas más obvias que se plantean son: Si Dios es tan amoroso, ¿por qué envía personas al infierno? ¿Por qué permite el pecado, el sufrimiento, el dolor y la tristeza? ¿Cómo pueden los holocaustos, los desastres naturales y otras formas de destrucción masiva y sufrimiento humano existir en un universo diseñado por un Dios que es realmente amoroso? ¿Por qué en primera instancia permitió Dios que la raza humana cayera en el pecado?

Debemos reconocer con toda sinceridad la dificultad de preguntas como esas. Todos las hemos planteado. A muchos nos han retado con tales preguntas hechas por escépticos que exigen que les proporcionemos respuestas satisfactorias. Si somos sinceros, debemos admitir que las respuestas no son fáciles. Dios mismo no ha considerado oportuno revelar respuestas completas a algunas de esas preguntas. Por el contrario, Él se revela como amoroso, omnisapiente, perfectamente justo y muy bueno, y simplemente nos pide que confiemos en Él.

Eso se vuelve más fácil cuanto mejor comprendemos lo que las Escrituras enseñan respecto al amor de Dios. En este libro trataremos algunas de esas preguntas difíciles acerca del amor de Dios, pero no hasta que establezcamos una buena base para lo que la Biblia quiere decir cuando declara: "Dios es amor". También debemos notar que varias de las peores alteraciones a la verdad cristiana se basan en la idea de que se puede entender a Dios únicamente en términos de su amor. Quienes sostienen tal perspectiva a menudo se niegan a reconocer la ira de Dios contra el pecado, porque creen que Él no puede ser *al mismo tiempo* amoroso *y por otro lado* furioso con los pecadores. Otros, tal vez con la intención de desvincular a Dios de las tragedias y los terrores de la experiencia humana, razonan que si Dios es verdaderamente amoroso, es imposible que sea todopoderoso; de lo contrario pondría fin a todo sufrimiento.

Por otra parte, algunos cristianos de buena voluntad preocupados por la ortodoxia doctrinal son tan cautelosos en cuanto a la sobrevaloración del amor de Dios que temen expresarlo en absoluto. Después de todo, nuestra cultura está "enamorada" del pecado y el amor propio, y completamente embotada hacia la ira de Dios contra el pecado. ¿No es contraproducente predicar el amor de Dios en medio de una sociedad tan impía? Algunos que razonan así tienden a ver todo lo malo que ocurre como si se tratara de un juicio directo que sale de la mano de una deidad severa.

Ambos extremos describen una imagen distorsionada de Dios y confunden aún más el asunto de comprender el amor de Dios.

Mientras permanezcamos dentro de los límites de la verdad bíblica acerca del amor de Dios, podemos evitar estas dos transgresiones. Al examinar lo que la Biblia dice al respecto, vemos cuán maravillosamente podemos presentar el amor de Dios a los pecadores, y cuán perfectamente calza ese amor con su aborrecimiento del pecado. Y lo difícil de entender se hace más fácil.

Sin embargo, en nuestra búsqueda de comprensión de este asunto debemos estar dispuestos a desechar un montón de ideas populares y sentimentales sobre el amor divino. Muchas de nuestras presuposiciones favoritas en cuanto a Dios deben corregirse. El amor y la santidad de Dios deben entenderse cuidadosamente a la luz de su ira contra el pecado. Debemos ver el amor desde la perspectiva divina antes que podamos entender realmente la importancia del gran amor de Dios por nosotros.

Como siempre, el remedio está en recibir toda la información bíblica con los brazos abiertos. Y mi propósito en este libro es tratar de resaltar una amplia y equilibrada muestra representativa de esa información. Según señaló el cantautor, cubrir el tema como merece ser cubierto consumiría océanos de tinta y llenaría una galaxia. E incluso después de mucho tiempo, apenas se habría escrito el prólogo.

Estoy seguro de que la eternidad se pasará justo en ese tipo de estudio. Es por eso que para mí, la oportunidad de escribir este libro ha sido como un pedacito de cielo. Espero que a medida que usted lea, también sienta algo de la gloria celestial y aprenda que toda la tristeza, el sufrimiento y el dolor de la vida humana no niegan el amor de Dios por la humanidad. Al contrario; solo el conocimiento del amor divino en medio de tales pruebas es lo que nos permite soportar todo esto y salir fortalecidos.

Dedicaremos los tres primeros capítulos a sentar las bases para entender el amor de Dios. A principios del capítulo 4 volveremos a tratar con las preguntas difíciles planteadas aquí, tales como por qué permite Dios el sufrimiento. En los capítulos que siguen veremos cómo el amor de Dios define quién es Él, cómo tal amor se aplica a toda la humanidad, y cómo se aplica en una manera única y especial a los cristianos.

Mi oración por todos los que leen este libro es un eco de la oración de Pablo por los efesios: "Que habite Cristo por la fe en vuestros corazones, a fin de que, arraigados y cimentados en amor, seáis plenamente capaces de comprender con todos los santos cuál sea la anchura, la longitud, la profundidad y la altura, y de conocer el amor de Cristo, que excede a todo conocimiento, para que seáis llenos de toda la plenitud de Dios" (Ef. 3:17-19).

I

De tal manera amó Dios al mundo

EL AMOR ES EL MÁS CONOCIDO pero el menos entendido de los
atributos de Dios. Casi todos los que en este tiempo creen en
Dios piensan que Él es un Dios de amor. Incluso he conocido
agnósticos que están seguros de que *si* Dios existiera, debería
ser benevolente, compasivo y amoroso.

Desde luego, todos estos aspectos *son* infinitamente ciertos
acerca de Dios, pero no del modo en que la mayoría de la gente
piensa. Debido a la influencia de la teología liberal moderna,
muchos suponen que el amor y la bondad de Dios anulan en
última instancia su justicia, su rectitud y su ira santa. Visua-
lizan a Dios como un abuelo celestial bonachón: tolerante,
afable, indulgente, permisivo y sin ningún desagrado real por
el pecado, quien sin consideración de su santidad pasará bené-
volamente por alto el pecado y aceptará a las personas tal
como son.

EL AMOR DE DIOS EN LA HISTORIA RECIENTE DE LA IGLESIA

Los creyentes en generaciones pasadas fueron a menudo al
extremo opuesto. Tendían a creer en Dios como alguien severo,
exigente, cruel y hasta abusivo. Exageraron tanto la ira de Dios,
que prácticamente pasaron por alto su amor. Hace poco más de
cien años, casi toda la predicación evangelística representaba

a Dios solo como un Juez aterrador cuya ira ardía contra los pecadores. La historia revela que en los tres últimos siglos se han dado algunos cambios dramáticos en cómo pensamos acerca de Dios.

Jonathan Edwards

Quizás el sermón más famoso predicado en Estados Unidos fue "Pecadores en las manos de un Dios airado", de Jonathan Edwards, quien era un pastor en la Massachusetts colonial y una brillante mente teológica. Edwards predicó su famoso sermón como orador invitado en una iglesia en Enfield, Connecticut, el 8 de julio de 1741. Este sermón desató uno de los episodios más dramáticos de avivamiento en el Gran Despertar. He aquí un extracto que muestra la franqueza gráfica y aterradora del predicador al describir la espantosa ira de Dios contra los pecadores:

El Dios que te mantiene sobre el abismo del infierno, muy parecido a como uno sujeta una araña o un insecto repugnante sobre el fuego, te aborrece y está enardecido; su ira contra ti arde como fuego; te considera indigno de otra cosa que no sea ser echado en el fuego, sus ojos son tan puros que no aguantan mirarte, eres diez veces más abominable a sus ojos que la peor serpiente venenosa es a los nuestros. Tú lo has ofendido infinitamente más que cualquier rebelde obstinado lo haya hecho contra su gobierno, y sin embargo no es otra cosa que su mano lo que te detiene de caer en el fuego en cualquier momento. Es solo por eso y ninguna otra cosa que no te fuiste al infierno anoche, que pudiste despertar una vez más en este mundo después de haber cerrado tus ojos para dormir, y no hay ninguna otra razón sino la mano de Dios, por la cual no has caído en el infierno desde que te levantaste esta mañana. No hay otra razón, fuera de su misericordia, que mientras lees este escrito, en este mismo momento, no caes en el infierno.

¡Oh pecador, considera el terrible peligro en que te encuentras! Es un gran horno de ira, un abismo ancho e insondable, lleno del fuego de ira, el que tienes debajo al ser sostenido por la mano de ese Dios cuya ira has provocado y encendido tanto como lo hicieron muchos de los condenados en el infierno. Cuelgas de un hilo, con las llamas de la ira divina flameando alrededor y amenazando quemarlo en cualquier momento; y no obstante, no tienes interés en ningún Mediador, y nada de qué agarrarte para salvarte, nada para escapar de las llamas de la ira, nada que sea tuyo, nada de lo que has hecho, nada que puedas hacer para convencer a Dios que te libre, aunque sea por un instante.

El lenguaje y las imágenes eran tan vívidos que muchos de los que oyeron a Edwards temblaban, algunos clamaban por misericordia, y otros se desmayaban.

Nuestra generación —criada con "Cristo me ama, bien yo lo sé"— encuentra chocante el famoso sermón de Edwards por una razón completamente distinta. A casi todas las personas de hoy les horrorizaría que alguien describiera a Dios en términos tan aterradores.

Sin embargo, es importante que entendamos el contexto del sermón de Edwards. Él no era un feroz sentimentalista; apelaba sin pasión al sentido de la razón de sus oyentes... incluso al leer su mensaje en un tono cuidadosamente controlado para que nadie fuera emocionalmente manipulado. Su mensaje concluyó con un tierno llamado a correr hacia Cristo en busca de misericordia. Un observador que estaba presente en esa ocasión recordó que "varias almas se llenaron de esperanza [esa] noche, y la alegría y el agrado en sus semblantes [mostraban que] recibieron consuelo (de que Dios los fortalecería y confirmaría), entonamos un himno, oramos y despedimos la asamblea".[1] De

---

1. Citado en Iain H. Murray, *Jonathan Edwards: A New Biography* (Edimburgo: Banner of Truth, 1987), p. 169.

ahí que el estado general de aquella reunión nocturna fuera decididamente edificante, y señalara una época de gran avivamiento a lo largo de Nueva Inglaterra.

A Edwards lo han caricaturizado falsamente algunos como un predicador severo e implacable que se complacía en asustar a sus congregaciones con descripciones coloridas de los tormentos del infierno. Nada puede estar más lejos de la verdad. Él era un pastor afable y sensible, además de teólogo meticuloso, y se mantuvo en un terreno bíblico sólido cuando caracterizó a Dios como un Juez iracundo. La Biblia nos dice: "Dios es juez justo, y Dios está airado contra el impío todos los días" (Sal. 7:11). El sermón de Edwards esa noche fue una exposición de Deuteronomio 32:35-36: "Mía es la venganza y la retribución; a su tiempo su pie resbalará, porque el día de su aflicción está cercano, y lo que les está preparado se apresura. Porque Jehová juzgará a su pueblo". Esas son verdades bíblicas que deben ser proclamadas. Y cuando Jonathan Edwards las predicó, lo hizo con corazón humilde de compasión amorosa. Una mirada más amplia a su ministerio revela que también resaltó fuertemente la gracia y el amor de Dios. Este solo sermón no nos da una idea completa de cómo era su predicación.

No obstante, Edwards no era reacio a predicar la verdad simple y llana de la ira divina. Él veía la conversión como la obra amorosa de Dios en el alma humana, y sabía que la verdad de la Biblia es el medio que Dios utiliza para convertir pecadores. Edwards creía que su responsabilidad como predicador era declarar de la manera más clara posible los aspectos positivos y negativos de esa verdad.

Charles Finney

Por desgracia, una generación posterior de predicadores no fue tan equilibrada y cuidadosa en su enfoque hacia la evangelización, y no tan sana en su teología. Charles Finney, un abogado de principios del siglo XIX convertido en evangelista, veía la conversión como obra *humana*. Finney declaró que el avivamiento prácticamente podía fabricarse si los predicadores emplearan los medios adecuados, por lo que escribió:

No existe nada en la religión más allá de los poderes comunes de la naturaleza. Consiste totalmente en el *ejercicio correcto* de los poderes de la naturaleza. Es solo eso, y nada más.... Un avivamiento no es un milagro, ni depende de un milagro, en ningún sentido. Es meramente un resultado filosófico del uso apropiado de medios constituidos, tanto como cualquier otro efecto producido por la aplicación de medios.[2]

Finney negaba incluso que el nuevo nacimiento fuera una obra soberana del Espíritu Santo (cp. Jn. 3:8). En lugar de eso enseñó que la regeneración es algo que el pecador logra: "El Espíritu de Dios, a la verdad, *influye en* que el pecador cambie, y en este sentido es la causa eficaz del cambio. *Pero en realidad el pecador cambia, y por tanto es él mismo, en el sentido más propio, el autor del cambio*.... Un cambio de corazón es *el propio acto del pecador*".[3]

Finney creía que la gente podía ser manipulada psicológicamente a responder al evangelio. Una de sus medidas favoritas para realzar emociones era predicar apasionadamente acerca de las feroces amenazas de la venganza divina. Con esto buscaba intimidar a las personas para que respondieran al evangelio. Mientras que Edwards había esperado que el Espíritu Santo usara la verdad bíblica para convertir pecadores, Finney creía que era tarea del predicador evocar la respuesta deseable, a través de ingeniosa persuasión, intimidación, manipulación, o cualquier otro medio posible. Él descubrió que aterrorizar a la gente era un método muy eficaz de provocar una respuesta. Su

---

2. Charles G. Finney, *Revivals of Religion* (Old Tappan, New Jersey: Revell, s.f.), pp. 4-5.
3. *Ibíd.*, pp. 220-21 (cursivas añadidas).

repertorio estaba lleno de sermones diseñados para resaltar los temores de los incrédulos. Los predicadores que adoptaron los métodos de Finney llevaron estos procedimientos a extremos absurdos. Predicar acerca de la ira divina a menudo era simplemente algo teatral. Y el tema de la ira de Dios contra el pecado comenzó a ser predicado con exclusión del amor de Dios.

D. L. Moody

Todo esto tuvo un efecto muy profundo en la percepción popular acerca de Dios. El típico cristiano de mediados del siglo XIX se habría escandalizado por la sugerencia de que Dios ama a los pecadores. Incluso D. L. Moody, muy conocido por su fuerte énfasis en el amor de Dios, no siempre fue así. En realidad se sintió perturbado la primera vez que oyó a otro evangelista predicar del amor de Dios por los pecadores.

El evangelista a quien Moody oyó era el modesto predicador y ladronzuelo británico convertido Harry Moorhouse. En el invierno de 1868, Moorhouse se presentó inesperadamente en Chicago y se ofreció a predicar en la congregación de Moody, quien acababa de salir a ministrar por unos días en St. Louis. Moody no estaba seguro de la capacidad de predicar de Moorhouse, pero una vez se encontró con este predicador estando en Inglaterra, así que a regañadientes hizo arreglos para que el inglés hablara en una reunión a media semana en el sótano de la iglesia.

Al regresar el sábado de su viaje, Moody le preguntó a su esposa por la predicación de Moorhouse.

—Él predica un poco diferente de ti —le contestó ella—. Predica que Dios ama a los pecadores.

—Está equivocado —respondió Moody.

La señora Moody le aconsejó a su esposo que no hiciera ningún juicio hasta que oyera predicar a Moorhouse.

—Creo que estarás de acuerdo con él cuando lo oigas, porque respalda con la Biblia todo lo que dice.

J. C. Pollock relata así lo que sucedió en los días siguientes:

El domingo por la mañana, Moody observó que todos en su congregación llevaban biblias. Nunca les había dicho a las personas en las bancas que debían llevar biblias. "Fue algo extraño ver a la gente llegar con biblias y oír hasta cuando las hojeaban".

Moorhouse anunció su texto: "Juan 3:16: De tal manera amó Dios al mundo, que ha dado a su Hijo unigénito, para que todo aquel que en él cree, no se pierda, mas tenga vida eterna". Moody observó que en lugar de dividir el texto en primero, segundo y tercero en la forma ministerial acostumbrada, "Moorhouse pasó de Génesis a Apocalipsis ofreciendo prueba de que Dios ama al pecador, y antes de que hubiera terminado, se habían estropeado dos o tres de mis sermones... Hasta ese momento no me había dado cuenta de cuánto nos amaba Dios. Este corazón mío comenzó a descongelarse; no pude contener las lágrimas". Durante toda su vida, Fleming Revell recordó la escena de Moody asimilando aquella verdad esa mañana dominical el 8 de febrero de 1868, y cómo "el domingo por la noche el pequeño Harry Moorhouse se balanceaba de un pie al otro en su aparente torpeza, pero uno olvidaba todo eso al escuchar el mensaje que salía de sus labios". El texto era el mismo: "De tal manera amó Dios al mundo...", desplegado una vez más desde Génesis hasta Apocalipsis, pero por una ruta diferente. El discurso de Harry no era tanto un sermón sino una serie de textos relacionados o pasajes brevemente comentados para formar lo que llegó de manera más bien extraña a conocerse como "lectura bíblica".

Al final, Moody saltó. "Señor Moorhouse, usted va a hablar todas las noches esta semana. Vengan todos. Digan a sus amigos que vengan".

Noche tras noche, Moorhouse anunció: "De tal manera amó Dios al mundo..." y llevaba a sus oyentes por una línea nueva a lo largo de la Biblia: "Amigos, durante toda una semana he estado tratando de decirles cuánto los ama Dios, pero no puedo hacerlo con esta pobre lengua tartamuda..." Afuera, en el aire fresco de febrero, la vida en Chicago continuaba desprevenida. Los mercaderes comían y bebían, los pobres se acurrucaban ante estufas redondas medio congeladas, los marineros de barcos cubiertos de hielo se depravaban, se emborrachaban, o peleaban. Entre ese gentío de ciudadanos humildes, algunos nuevos inmigrantes y un puñado de ricos, el Espíritu de amor actuaba libremente en la calle Illinois. Y D. L. Moody dio un giro a su pensamiento para convertirse desde ese momento en el apóstol del amor de Dios.[4]

Ese acontecimiento transformó el estilo evangelístico de D. L. Moody, quien fue posteriormente usado por Dios para alcanzar a Gran Bretaña y Estados Unidos con el evangelio sencillo del amor y la gracia. A personas que casi no conocían la misericordia divina les predicaba que Dios es un Dios de misericordia y gracia. A multitudes que habían sido condicionadas para pensar en Dios solo como un juez furioso, Moody les predicaba que Dios es "misericordioso y piadoso; tardo para la ira, y grande en misericordia y verdad" (Éx. 34:6; cp. 2 Cr. 30:9; Neh. 9:17, 31; Sal. 103:8; 111:4; 112:4; 116:5; Jl. 2:13; Jon. 4:2). Moody fue fundamental en recuperar de la oscuridad la verdad del amor divino.

Liberalismo moderno

Sin embargo, con el surgimiento de la teología liberal, el péndulo se desplazó demasiado. El *liberalismo* (a veces llamado

---

4. J. C. Pollock, Moody: *A Biographical Portrait of the Pacesetter in Modern Evangelism* (Nueva York: Macmillan, 1963), pp. 72-73.

modernismo) era una corrupción del cristianismo, basado en una negación total de la autoridad e inspiración de las Escrituras. Esto fue una tendencia creciente a lo largo del siglo xix, influenciado fuertemente por tendencias de la teología alemana. (Friedrich Schleiermacher y Albrecht Ritschl se encontraban entre los teólogos alemanes responsables del liberalismo). Mientras conservaba algunas de las enseñanzas morales del cristianismo, el liberalismo atacaba las bases históricas de la fe. Los liberales negaban la deidad de Cristo, la historicidad de la Biblia y la unicidad de la fe cristiana. En lugar de eso proclamaban la hermandad de toda la humanidad bajo la paternidad de Dios, y en consecuencia insistían en que la única actitud de Dios hacia la humanidad era de puro amor.[5] Es más, el principio interpretativo general para los liberales llegó a ser el tema del amor. Si un pasaje no reflejaba la definición que ellos tenían del amor divino, lo rechazaban como bíblico.[6]

En la primera parte del siglo XX, el liberalismo tomó por asalto las iglesias protestantes. Podría argumentarse que la primera mitad de ese siglo marcó el declive espiritual más grave desde la Reforma Protestante. El evangelicalismo, que había dominado a los Estados Unidos protestantes desde la época de los padres fundadores, fue prácticamente expulsado de las

---

5. D. L. Moody mismo fue sin duda alguna culpable de un énfasis excesivo en el amor divino. "Su [único] mensaje, aparte de la presión constante en la necesidad de conversión, era acerca del amor de Dios. Su teología, aunque básicamente ortodoxa, era ambigua hasta el punto de no parecer teología en absoluto". George M. Marsden, *Fundamentalism and American Culture* (Oxford: Oxford, 1980), p. 32, cp. p. 35. Por consiguiente, Moody no reconoció los peligros del liberalismo. "Aunque él desaprobaba el liberalismo en lo abstracto, cultivaba amistades con liberales influyentes en esperanza de que la paz prevaleciera". *Ibíd.*, p. 33. Las escuelas que Moody fundó en Northfield, Massachusetts, y con las cuales estuvo asociado hasta su muerte, estuvieron totalmente dominadas por liderazgo liberal una generación después de la muerte de Moody. El instituto bíblico Moody en Chicago, el cual él confió a un liderazgo sólido varios años antes de su muerte, permanece fuertemente evangélico hasta el día de hoy.
6. Este método de crítica bíblica todavía lo siguen hoy día grupos tales como el muy publicitado "Seminario Jesús", cuyos eruditos han llegado a la conclusión de que solo treinta y uno de los más de setecientos dichos atribuidos a Jesús fueron realmente pronunciados por Él.

escuelas e iglesias denominacionales. El evangelicalismo logró sobrevivir e incluso prosperar fuera de las denominaciones. Pero nunca recuperó su influencia en los grupos principales. En vez de eso ha florecido principalmente en denominaciones relativamente pequeñas e iglesias independientes. En unas pocas décadas, el liberalismo prácticamente destruyó las denominaciones protestantes más grandes en Estados Unidos y Europa.

Harry Emerson Fosdick

Uno de los voceros más populares del cristianismo liberal fue Harry Emerson Fosdick, pastor de la Iglesia Riverside en la Ciudad de Nueva York. Aunque permanecía fuertemente comprometido con la teología liberal, Fosdick sin embargo reconoció que la nueva teología estaba socavando el concepto de un Dios santo. Al contrastar su era con la de Jonathan Edwards, Fosdick escribió:

El sermón de Jonathan Edwards en Enfield describía a los pecadores sobre el abismo ardiente en las manos de una deidad iracunda que probablemente en cualquier momento los iba a soltar, y tan terrible fue ese discurso en su entrega que las mujeres se desmayaban y los hombres fuertes se aferraban en agonía a las columnas de la iglesia. *Es obvio que ya no creemos en esa clase de Dios*, y como siempre, reaccionamos pasándonos al extremo opuesto, tanto que en la teología de estos años recientes hemos enseñado un tipo de deidad suave y benevolente.... En realidad, al Dios de la nueva teología no parece importarle mucho el pecado; ciertamente no se garantiza que vaya a castigar severamente; Él ha sido un padre indulgente, y cuando pecamos, un cortés "discúlpame" parece más adecuado para hacer las paces.[7]

---

7. Harry Emerson Fosdick, *Christianity and Progress* (Nueva York: Revell, 1922), pp. 173-74 (cursivas añadidas).

Fosdick nunca habló con más sinceridad. Vio de modo correcto que el liberalismo había llevado a un concepto deformado y desequilibrado de Dios. Incluso pudo ver con claridad y darse cuenta de que el liberalismo estaba llevando a la sociedad a un peligroso desierto de amoralidad, donde el pecado, la codicia, el egoísmo y la rapacidad del "ser humano crecen con los años en una enorme acumulación de consecuencias hasta que finalmente el colapso de esa locura lleva a toda la tierra a la ruina".[8]

A pesar de todo eso, Fosdick nunca reconoció la realidad literal de la ira de Dios hacia los pecadores impenitentes. Para él, "la ira de Dios" no era nada más que una metáfora para las consecuencias naturales de hacer lo malo. Al escribir después de la Primera Guerra Mundial, Fosdick sugirió que *"el orden moral del mundo nos ha estado sumergiendo en el infierno"*.[9] Su teología no toleraba un Dios personal cuya ira justa se enciende contra el pecado. Además, para él la amenaza del verdadero fuego del infierno solo era una reliquia de una era bárbara. *"Obviamente, ya no creemos en esa clase de Dios"*.

El amor de Dios y la Iglesia contemporánea

Fosdick escribió tales palabras hace casi ochenta años. Tristemente, lo que fue cierto entonces acerca del liberalismo es demasiado cierto respecto al evangelicalismo de hoy. Hemos perdido la realidad de la ira de Dios. Hemos hecho caso omiso a su odio por el pecado. El Dios que la mayoría de evangélicos describen ahora es todo amor y nada de enojo. Hemos olvidado que "¡horrenda cosa es caer en manos del Dios vivo!" (He. 10:31). *Ya no creemos en esa clase de Dios.*

Lo irónico es que este énfasis exagerado en la benevolencia divina actúa en realidad contra una sana comprensión del amor de Dios. Algunos teólogos se empeñan tanto en esta percepción de Dios como todo amor, que cuando las cosas salen mal, ven

---

8. *Ibíd.*, p. 174.
9. *Ibíd.* (cursivas añadidas).

esto como evidencia de que realmente Él no puede controlar todo. Creen que si Dios es de veras amoroso no puede ser totalmente soberano. Este punto de vista convierte a Dios en una víctima del mal.[10] Multitudes han aceptado la desastrosa idea de que Dios es impotente para tratar con la maldad. Creen que Él es bondadoso pero débil, o quizás distante, o que simplemente no le preocupa la maldad humana. ¿No es de extrañar que la gente con tal concepto de Dios desafíe la santidad divina, que dé por sentado el amor divino y que presuma de la gracia y la misericordia de Dios? Sin duda nadie *temería* a una deidad como esa.

Sin embargo, la Biblia nos dice muchas veces que el *temor* de Dios es la misma base de la verdadera sabiduría (Job 28:28; Sal. 111:10; Pr. 1:7; 9:10; 15:33; Mi. 6:9). A menudo, la gente trata de explicar el sentido de tales versículos afirmando que el "temor" que se propugna tiene que ver con un sentido devoto de respeto y reverencia. Es verdad que el temor de Dios incluye respeto y reverencia, pero no *excluye* un santo terror literal. "A Jehová de los ejércitos, a él santificad; sea él vuestro temor, y él sea vuestro miedo" (Is. 8:13).

Debemos rescatar algo del terror santo que viene con una comprensión correcta de la ira de Dios. Debemos recordar que la ira de Dios arde *de veras* contra los pecadores impenitentes (Sal. 38:1-3). Esa realidad es lo que hace que su amor sea tan asombroso. Por tanto, debemos proclamar estas verdades con el mismo sentido de convicción y fervor que empleamos cuando declaramos el amor de Dios. Es solo en el contexto de la ira divina que el significado total del amor de Dios puede entenderse. Ese es precisamente el mensaje de la cruz de Jesucristo. Después de todo, fue en la cruz que el amor y la ira de Dios convergieron en toda su plenitud majestuosa.

Solo quienes se ven como pecadores en las manos de un

---

10. Ese es precisamente el lenguaje usado por Harold Kushner, *Cuando a la gente buena le pasan cosas malas* (Nueva York: Vintage Español, 2006).

Dios iracundo pueden apreciar por completo la magnitud y la maravilla de su amor. En este sentido, nuestra generación está sin duda en mayor desventaja que la anterior. Nos han obligado a alimentar por tanto tiempo las doctrinas de la autoestima, que la mayoría de seres humanos en realidad no se ven como pecadores dignos de la ira divina. Además de eso, el liberalismo religioso, el humanismo, la componenda evangélica y la ignorancia de las Escrituras han actuado contra el correcto entendimiento de quién es Dios. Es irónico que en una era que concibe a Dios como alguien totalmente amoroso y desprovisto de ira, ¡pocas personas comprendan realmente de qué se trata el amor de Dios!

Es crucial el modo en que abordamos el concepto erróneo de la época actual. No debemos reaccionar a un énfasis exagerado sobre el amor divino negando que Dios sea amor. La visión desequilibrada que nuestra generación tiene de Dios no puede corregirse por medio de un desequilibrio igual en la dirección opuesta. Temo francamente que este sea un peligro muy real en algunos círculos. Una de las preocupaciones profundas que me ha motivado a escribir este libro es una tendencia creciente que he observado, en particular entre personas comprometidas con la verdad bíblica de la soberanía de Dios y la elección divina. Algunas de ellas niegan rotundamente que en algún sentido Dios ame a quienes no ha escogido para salvación.

Estoy convencido por la Biblia de que Dios es absolutamente soberano en la salvación de los pecadores, cual "no depende del que quiere, ni del que corre, sino de Dios que tiene misericordia" (Ro. 9:16). Somos redimidos no debido a algo bueno en nosotros, sino debido a que Dios nos escogió para salvación. Él escogió a ciertos individuos y pasó por sobre otros, y tomó esa decisión en la eternidad pasada, antes de la fundación del mundo (Ef. 1:4). Además, Dios eligió sin tener en cuenta algo que previera en los escogidos; simplemente "según el puro afecto de su voluntad, para alabanza de la gloria de su gracia" (vv. 5-6). La elección surge del amor de Dios. Él "con amor eterno [nos ha] amado; por tanto, [nos prolongó su] misericordia" (Jer. 31:3). Sin embargo, ciertamente podemos afirmar tales verdades sin también concluir que la actitud de Dios hacia los no elegidos sea de odio total.

Me preocupa la tendencia de algunos —a menudo jóvenes recién encaprichados con la doctrina reformada— que insisten en que Dios no puede amar a quienes no se arrepienten y creen. Me parece que cada vez encuentro con mayor frecuencia este punto de vista. El argumento inevitablemente es este: El Salmo 7:11 nos dice que "Dios está airado contra el impío todos los días". Parece razonable suponer que si Dios amara a todos, habría escogido a todos para salvación. En consecuencia, Dios no ama a los no elegidos. Quienes piensan esto a menudo hacen todo lo posible por argumentar que Juan 3:16 en realidad no significa que Dios ame a todo el mundo.

Quizás el argumento más conocido para este punto de vista se encuentra en la edición completa de un libro por lo demás excelente: *La soberanía de Dios*, de A. W. Pink.[11] Pink escribió: "Dios ama a quien Él elige. No ama a todo el mundo".[12] Más adelante en el libro agrega esto:

¿Es verdad que Dios *ama* a aquel que *desprecia* y rechaza a su Hijo amado? Dios es tanto luz como amor, y por consiguiente su amor debe ser *santo*. Decirle a quien rechaza a Cristo que Dios lo ama es cauterizarle la conciencia, así como brindarle una sensación de seguridad en sus pecados. La realidad es que el amor de Dios es una verdad solo para los santos, y presentárselo a los enemigos de Dios es tomar el pan de los hijos y arrojárselo a los perros. Con excepción

---

11. Arthur W. Pink, *The Sovereignty of God* (Grand Rapids: Baker, 1930), pp. 29-31, 245-52, 311-14. Publicado en español por El Estandarte de la Verdad con el título *La soberanía de Dios*.
12. *Ibíd.*, pp. 29-30.

de Juan 3:16, ninguna vez en los cuatro evangelios leemos que el Señor Jesús, el maestro perfecto, ¡les dijera a los pecadores que Dios los amaba![13]

En un apéndice a la edición íntegra, Pink sostuvo que la palabra *mundo* en Juan 3:16 ("De tal manera Dios amó al *mundo*") "se refiere *al mundo de creyentes* (los elegidos de Dios), en contraposición *al mundo de los impíos*".[14] Pink trataba de señalar el punto crucial de que Dios es soberano en el ejercicio de su amor. La esencia de su argumento sin duda es válida: es una locura pensar que Dios ama a todos por igual, o que está obligado por alguna regla de equidad a amar por igual a todos. La Biblia nos enseña que Dios nos ama porque decide hacerlo (cp. Dt. 7:6-7), porque Él ama debido a que *es* amor (1 Jn. 4:8), no porque esté bajo alguna obligación de amar a todos por igual. Nada más que el propio placer soberano lo obliga a amar a los pecadores. Nada más que su propia voluntad soberana gobierna su amor. Esto tiene que ser verdadero, ya que ciertamente no hay nada en ningún pecador digno incluso del más mínimo grado de amor divino.

Por desgracia, Pink llevó demasiado lejos el corolario. El hecho de que algunos pecadores no sean elegidos para salvación no es prueba de que la actitud de Dios hacia ellos esté totalmente desprovista de amor sincero. Por la Biblia sabemos que Dios es misericordioso, bondadoso, generoso y bueno incluso con los pecadores más obstinados. ¿Quién puede negar que estas misericordias fluyan del amor ilimitado de Dios? Sin embargo, es evidente que se derraman aun sobre pecadores no arrepentidos. Por ejemplo, de acuerdo con Pablo, el conocimiento de la

---

13. *Ibíd.*, p. 246.
14. *Ibíd.*, p. 314. Las secciones que cito aquí fueron retiradas en la edición de la obra de Pink publicada por *The Banner of Truth Trust* (1961). En su biografía de Arthur Pink, el editor Iain Murray llamó a la negación de Pink acerca del amor de Dios por los no elegidos un "aspecto de seria debilidad". Iain Murray, *The Life of Arthur W. Pink* (Edimburgo: Banner of Truth, 1981), p. 196.

benignidad, la paciencia y la longanimidad divina debería guiar a los pecadores al arrepentimiento (Ro. 2:4). No obstante, el apóstol reconoció que muchos que son destinatarios de estas expresiones de amor divino las desprecian, atesorando así ira para ellos en el día de la ira (v. 5). La dureza del corazón humano pecaminoso es la única razón por la cual la gente persiste en pecar, a pesar de la bondad de Dios hacia ellos. Por tanto, ¿es Dios insincero cuando vierte sus misericordias llamando al arrepentimiento a tales individuos? ¿Y cómo puede alguien llegar a la conclusión de que la verdadera actitud de Dios hacia quienes rechazan sus misericordias no es más que odio puro?

Sin embargo, quiero reconocer que explicar el amor de Dios hacia los reprobados no es tan sencillo como la mayoría de evangélicos modernos quiere que sea. Claramente hay un sentido en que la expresión del salmista, "aborrecí la reunión de los malignos" (Sal. 26:5) es un reflejo de la mente de Dios. "¿No odio, oh Jehová, a los que te aborrecen, y me enardezco contra tus enemigos? Los aborrezco por completo; los tengo por enemigos" (Sal. 139:21-22). El odio que el salmista expresó es una virtud, y tenemos todos los motivos para concluir que es un odio que Dios mismo tiene. Después de todo, Él *afirmó:* "a Esaú aborrecí" (Mal. 1:3; Ro. 9:13). El contexto revela que Dios estaba hablando de *toda una raza* de personas malvadas. Hay entonces un sentido verdadero y real en que la Biblia enseña que Dios odia a los malvados.

Muchos tratan de esquivar la dificultad que esto plantea al sugerir que Dios aborrece el pecado, no al pecador. ¿Por qué entonces condena al pecador y consigna a la persona (no simplemente al pecado) al infierno eterno? Está claro que no podemos eliminar la severidad de esta verdad negando el odio de Dios por los malvados. Tampoco debemos imaginar que ese odio sea algún defecto en el carácter de Dios. Se trata de un odio santo, que es perfectamente coherente con su santidad inmaculada, inaccesible e incomprensible.

El amor de Dios por el mundo incrédulo

Sin embargo, por la Biblia estoy convencido de que el odio de Dios hacia los malvados no es un odio sin diluir por la compasión, la misericordia o el amor. Por experiencia humana sabemos que el amor y el odio no son mutuamente exclusivos. No es nada extraño tener sentimientos simultáneos de amor y odio dirigidos a la misma persona. A menudo hablamos de individuos que tienen relaciones amor-odio. No existe razón para negar que en un sentido infinitamente más puro y más noble, el odio de Dios hacia los malvados también esté acompañado de un amor sincero y compasivo por ellos.[15]

El hecho de que Dios enviará al infierno eterno a todos los pecadores que persisten en el pecado y la incredulidad, prueba su odio hacia ellos. Por otra parte, el hecho de que Dios prometa perdonar y llevar a su gloria eterna a todos los que confían en Cristo como Salvador, y que hasta suplique a los pecadores que se arrepientan, demuestra su amor hacia ellos.

Debemos entender que amar es la misma naturaleza de Dios. El Señor nos ordena amar a nuestros enemigos "para que [seamos] hijos de [nuestro] Padre que está en los cielos, que hace salir su sol sobre malos y buenos, y que hace llover sobre justos e injustos" (Mt. 5:45). Ese pasaje y los versículos en su contexto inmediato refutan la afirmación de Arthur Pink de que Jesús nunca les dijo a los pecadores que Dios los amaba. Aquí Jesús caracterizó claramente a su Padre como alguien que ama incluso a quienes deliberadamente se ponen en enemistad contra Él.

Aunque todos estamos impacientes por preguntar cuál es el motivo de que un Dios amoroso permita que sucedan cosas

---

15. Esto no quiere decir que Dios sea ambivalente. Él es perfectamente coherente consigo mismo (2 Ti. 2:13). En su mente no pueden existir voluntades contradictorias. Lo que estoy afirmando es esto: En un sentido real y sincero, Dios odia a los malvados por los pecados que cometen; pero en un sentido real y sincero también tiene compasión, piedad, paciencia y afecto verdadero por ellos debido a su naturaleza amorosa.

malas a sus hijos, seguramente también deberíamos preguntar por qué un Dios santo permite que pasen cosas buenas a gente mala. La respuesta es que Dios es misericordioso incluso con aquellos que no le pertenecen. No obstante, en este punto es necesario hacer una importante distinción: Dios ama a los creyentes con un amor particular. Es un amor familiar, el amor supremo de un Padre eterno por sus hijos. Se trata del amor consumado de un Esposo por su esposa. Es un amor eterno que les garantiza salvación del pecado y de su horrible pena. Ese amor especial está reservado solo para los creyentes. Limitar este amor salvador y eterno a sus escogidos no hace que la compasión, la misericordia, la bondad y el amor de Dios por el resto de la humanidad sean poco sinceros o sin sentido. Cuando Dios invita a los pecadores a arrepentirse y recibir perdón (Is. 1:18; Mt. 11:28-30), su ruego viene de un corazón sincero de amor auténtico. "Vivo yo, dice Jehová el Señor, que no quiero la muerte del impío, sino que se vuelva el impío de su camino, y que viva. Volveos, volveos de vuestros malos caminos; ¿por qué moriréis, oh casa de Israel?" (Ez. 33:11). Claramente, Dios *ama* incluso a los que desprecian su tierna misericordia, pero esta es una calidad diferente de amor, y diferente en grado de su amor por los suyos.

Un paralelismo en el ámbito humano sería este: Amo a mi prójimo. Muchos pasajes bíblicos me ordenan que lo ame como a mí mismo (p. ej., Lv. 19:18; Mt. 22:39; Lc. 10:29-37). También amo a mi esposa. Eso también está de acuerdo con la Biblia (Ef. 5:25-28; Col. 3:19). Pero está claro que mi amor por mi esposa es superior, tanto en excelencia como en grado, a mi amor por mi prójimo. Elegí a mi esposa; no elegí a mi prójimo. Por voluntad propia traje a mi esposa a mi familia para que viviera conmigo durante el resto de nuestras vidas. No hay razón para concluir que ya que no concedo el mismo privilegio a mi prójimo, mi amor por él no sea un amor real y auténtico. Lo mismo ocurre con Dios. Él ama a los elegidos de una manera especial reservada solo para ellos; pero esto no hace menos real su amor por el resto de la humanidad.

Además, incluso en el ámbito humano, el amor por nuestro cónyuge y el amor por nuestro prójimo todavía no agotan las diferentes variedades de amor que expresamos. También amo a mis hijos con el mayor fervor; pero una vez más, los amo con una calidad diferente de amor que mi amor por mi esposa. Y amo a mi prójimo cristiano en una forma que supera mi amor por mi prójimo no cristiano. Es evidente que el amor auténtico viene en varios tipos y grados. ¿Por qué es difícil para nosotros concebir que Dios mismo ame a las personas de manera diferente y con efectos diferentes?

El amor de Dios por los elegidos es un amor infinito y eterno. Por la Biblia sabemos que este gran amor fue la misma causa de nuestra elección (Ef. 2:4). Es evidente que tal amor no está dirigido hacia toda la humanidad en forma indiscriminada, sino que se otorga de manera única e individual a aquellos a quienes Dios escogió en la eternidad pasada.

Pero de esto no se desprende que la actitud de Dios hacia los que no escogió deba ser de odio absoluto. Sin duda su ruego a los perdidos, su oferta de misericordia a los reprobados y el llamado del evangelio a todos los que escuchan son expresiones sinceras del corazón de un Dios amoroso. Recordemos que Él no se complace con la muerte de los malvados, sino que tiernamente llama a los pecadores a volverse de los malos caminos y vivir. Él libremente ofrece el agua de vida a todos (Is. 55:1; Ap. 22:17). Tales verdades no son en absoluto incompatibles con la verdad de la soberanía divina.

La teología reformada ha sido históricamente la rama del evangelicalismo más fuertemente comprometida con la soberanía de Dios. Al mismo tiempo, la corriente principal de teólogos reformados siempre ha afirmado el amor de Dios por todos los pecadores. El mismo Juan Calvino escribió con relación a Juan 3:16: "[Dos] puntos se nos señalan claramente: a saber, que la fe en Cristo trae vida a todos, y que Cristo trajo vida, porque el Padre ama a la especie humana, y quiere que ninguno perezca".[16] Calvino añadió esto:

[En Juan 3:16 el evangelista] ha empleado el término universal *todo aquel que*, tanto para invitar a todos de modo indiscriminado a participar de la vida, como para bloquear toda excusa de los incrédulos. Tal es también la importancia del término *mundo*, que él utilizó antiguamente; porque a pesar de que nada se encuentre en *el mundo* que sea digno del favor de Dios, sin embargo Él se muestra para reconciliarse con el mundo entero, cuando invita a todos sin excepción a la fe en Cristo, lo cual no es más que una entrada a la vida.

Por otra parte, recordemos que aunque se promete *vida* universalmente a *todo aquel que cree* en Cristo, la fe no es común a todos, sino que los escogidos son solo aquellos cuyos ojos Dios abre, y que pueden buscarlo por fe.[17]

Los comentarios de Calvino son equilibrados y bíblicos. Él indica que tanto la invitación del evangelio como "el mundo" que Dios ama de ninguna manera están limitados solo a los elegidos. Pero también reconoce que la elección de Dios y el amor salvador se otorgan de manera exclusiva a sus escogidos.

Estas mismas verdades las ha defendido vigorosamente un grupo de baluartes reformados, que incluyen a Thomas Boston, John Brown, Andrew Fuller, W. G. T. Shedd, R. L. Dabney, B. B. Warfield, John Murray, R. B. Kuiper y muchos otros.[18] En ningún sentido creer en la soberanía divina descarta el amor de Dios hacia toda la humanidad.

---

16. Juan Calvino, *Commentary on a Harmony of the Evangelists, Matthew, Mark, and Luke*, trad. William Pringle. (Grand Rapids: Baker, 1979, reimpresión), p. 123.

17. *Ibíd.*, p. 125 (cursivas en el original).

18. Véase en el Apéndice 3 citas específicas de estos autores.

Estamos viendo hoy día un interés casi sin precedentes en las doctrinas de la Reforma y la era puritana. Me encuentro muy animado por esto en la mayoría de aspectos. Estoy convencido de que un regreso a estas verdades históricas es absolutamente necesario si la iglesia ha de sobrevivir. Sin embargo, hay un peligro cuando almas excesivamente celosas hacen uso indebido de una doctrina como la soberanía divina con el fin de negar la oferta sincera de misericordia divina a todos los pecadores.

Debemos mantener una perspectiva cuidadosamente equilibrada mientras seguimos nuestro estudio del amor de Dios. El amor de Dios no puede aislarse de su ira y viceversa. Tampoco su amor y su ira están en oposición mutua al igual que el principio místico del yin-yang. Ambos atributos son constantes y perfectos sin que muestren fluctuaciones. Dios mismo es inmutable. No es amoroso un instante e iracundo al siguiente. Su ira coexiste con su amor; por tanto, ambos aspectos no se contradicen. Son tales las perfecciones de Dios, que nunca podremos comenzar a comprender estas cosas. Sobre todo, no debemos poner un aspecto contra el otro, como si hubiera de algún modo una discrepancia en Dios. Él siempre es fiel a sí mismo y a su Palabra (Ro. 3:4; 2 Ti. 2:13).

Tanto la ira como el amor de Dios actúan para el mismo objetivo final: su gloria. Dios se glorifica en la condenación de los malvados y también en la salvación de su pueblo. Tanto la expresión de su ira como de su amor son necesarias para mostrar su gloria plena. Ya que su gloria es el gran diseño de su plan eterno, y puesto que todo lo que Él ha revelado acerca de sí mismo es esencial para su gloria, no debemos hacer caso omiso de ningún aspecto de su carácter. No podemos magnificar su amor con exclusión de los otros atributos.

Sin embargo, quienes conocen realmente a Dios testificarán que las delicias espirituales más profundas se derivan del conocimiento de su amor. Su amor es lo que en primer lugar nos atrajo hacia Él: "Nosotros le amamos a él, porque él nos amó primero" (1 Jn. 4:19). Su amor —ciertamente algo de lo que no somos dignos— es la razón de que nos salvara y nos concediera tales privilegios espirituales tan ricos: "Dios, que es rico en misericordia, *por su gran amor con que nos amó*, aun estando nosotros muertos en pecados, nos dio vida juntamente con Cristo (por gracia sois salvos), y juntamente con él nos resucitó, y asimismo nos hizo sentar en los lugares celestiales con Cristo Jesús" (Ef. 2:4-6).

Volveremos una y otra vez a algunas de estas mismas verdades en este libro mientras proseguimos nuestro estudio. Mi propósito no es participar en polémicas, sino solo presentar el amor de Dios en tal manera que su esplendor llene nuestros corazones. Si usted es cristiano, mi oración es que la gloria y la grandeza del amor de Dios profundicen su amor por Él, y que usted capte las alegrías y los sufrimientos de la vida con una comprensión correcta del amor de Dios.

Si usted no es creyente, quizás Dios esté acercándolo hacia Él. Por la Biblia sabemos que Dios está llamándolo a arrepentirse y que le ofrece el agua de vida. Mi oración es que a medida que usted lea estas páginas, la maravilla y el privilegio del amor divino se le desplieguen, y que usted responda a la verdad de la Palabra de Dios con corazón humilde y creyente. Le animo a empaparse de la misericordia que Jesús ofreció en estas tiernas palabras: "Venid a mí todos los que estáis trabajados y cargados, y yo os haré descansar. Llevad mi yugo sobre vosotros, y aprended de mí, que soy manso y humilde de corazón; y hallaréis descanso para vuestras almas; porque mi yugo es fácil, y ligera mi carga" (Mt. 11:28-30).

Pero tenga cuidado: el conocimiento de la bondad y la misericordia de Dios solo profundizará la condenación de quienes desprecian a Jesús. "¿Cómo escaparemos nosotros, si descuidamos una salvación tan grande?" (He. 2:3). El amor de Dios es un refugio solo para pecadores arrepentidos. Aquellos que están satisfechos con su pecado no deben consolarse con el conocimiento de que Dios está lleno de misericordia y compasión. Los pecadores impenitentes inclinados a ignorar la oferta del Salvador de misericordia, primero deberían reflexionar en esta advertencia crucial de la Biblia: "Si pecáremos voluntariamente después de haber recibido el conocimiento de la verdad, ya no queda más sacrificio por los pecados, sino una horrenda expectación de juicio, y de hervor de fuego que ha de devorar a los adversarios" (He. 10:26-27).

Esa "horrenda expectación de juicio, y de hervor de fuego que ha de devorar a los adversarios" proporciona el único contexto legítimo en que cualquiera puede comprender debidamente el amor de Dios.

Te exaltaré, mi Dios, mi Rey,
Y bendeciré tu nombre eternamente y para siempre.
Cada día te bendeciré,
Y alabaré tu nombre eternamente y para siempre.
Grande es Jehová, y digno de suprema alabanza;
Y su grandeza es inescrutable.
Generación a generación celebrará tus obras,
Y anunciará tus poderosos hechos.
En la hermosura de la gloria de tu magnificencia,
Y en tus hechos maravillosos meditaré.
Del poder de tus hechos estupendos hablarán los
    hombres,
Y yo publicaré tu grandeza.
Proclamarán la memoria de tu inmensa bondad,
Y cantarán tu justicia.
Clemente y misericordioso es Jehová,
Lento para la ira, y grande en misericordia.
Bueno es Jehová para con todos,
Y sus misericordias sobre todas sus obras.
Te alaben, oh Jehová, todas tus obras,
Y tus santos te bendigan.

La gloria de tu reino digan,
Y hablen de tu poder,
Para hacer saber a los hijos de los hombres sus poderosos
    hechos,
Y la gloria de la magnificencia de su reino.
Tu reino es reino de todos los siglos,
Y tu señorío en todas las generaciones.
Sostiene Jehová a todos los que caen,
Y levanta a todos los oprimidos.
Los ojos de todos esperan en ti,
Y tú les das su comida a su tiempo.
Abres tu mano,
Y colmas de bendición a todo ser viviente.
Justo es Jehová en todos sus caminos,
Y misericordioso en todas sus obras.
Cercano está Jehová a todos los que le invocan,
A todos los que le invocan de veras.
Cumplirá el deseo de los que le temen;
Oirá asimismo el clamor de ellos, y los salvará.
Jehová guarda a todos los que le aman,
Mas destruirá a todos los impíos.
La alabanza de Jehová proclamará mi boca;
Y todos bendigan su santo nombre eternamente y para
    siempre.

—Salmo 145

"El Señor encamine vuestros corazones al amor de Dios, y a la
paciencia de Cristo" (2 Ts. 3:5).

2

Dios es amor

Hace unos años, cuando atravesaba el país en un vuelo local, enchufé los auriculares y comencé a escuchar el programa musical. Me asombró la cantidad de música que trataba con el amor. En ese tiempo, yo estaba predicando sobre 1 Juan 4, así que el tema del amor era muy actual en mi mente. Me di cuenta de lo simplistas y superficiales que eran casi todas las letras de los cantos. "Ella te ama, sí, sí" es un clásico según las normas mundanas. Pero pocas personas dirían que sus letras son de verdad profundas.

Comencé a comprender lo fácil que nuestra cultura banaliza el amor volviéndolo sentimentalismo. El amor del que oímos en canciones populares casi siempre se presenta como un *sentimiento*, y por lo general implica deseos no cumplidos. La mayoría de canciones de amor lo describen como un anhelo, una pasión, un capricho que no se satisface del todo, una serie de expectativas que nunca se cumplen. Por desgracia, ese tipo de amor carece de cualquier significado definitivo. En realidad se trata de un reflejo trágico de la perdición humana.

Al reflexionar en esto, me di cuenta de algo más: la mayoría de canciones de amor no solo reducen el amor a una emoción sino que también lo vuelven involuntario. Las personas "se enamoran". Pierden la cabeza por amor. No pueden evitarlo. Enloquecen por

amor. Una canción lamenta: "Estoy enganchado en una sensación", mientras otra confiesa: "Creo que estoy volviéndome loco".

Podría parecer un sentimiento romántico bonito caracterizar
al amor como una pasión incontrolable, pero al pensar cuidadosamente al respecto, nos damos cuenta de que tal "amor" es
tanto egoísta como irracional. Está lejos del concepto bíblico del
amor. Según la Biblia, el amor no es una sensación impotente de
deseo. Al contrario, es un acto voluntario de entrega personal.
Quien ama de forma auténtica está deliberadamente entregado
al ser amado. El amor verdadero surge de la voluntad, no de la
emoción ciega. Por ejemplo, consideremos esta descripción del
amor de la pluma del apóstol Pablo:

> El amor es sufrido, es benigno; el amor no tiene envidia, el
> amor no es jactancioso, no se envanece; no hace nada inde-
> bido, no busca lo suyo, no se irrita, no guarda rencor; no se
> goza de la injusticia, mas se goza de la verdad. Todo lo sufre,
> todo lo cree, todo lo espera, todo lo soporta (1 Co. 13:4-7).

Esa clase de amor no puede ser una emoción que oscila invo-
luntariamente. No se trata de un simple sentimiento. Todos los
atributos del amor que Pablo enumera incluyen la mente y la
voluntad. Es decir, el amor que él describe es un compromiso
serio y voluntario. Además, observemos que el amor verdadero
"no busca lo suyo". Eso significa que si realmente amo, no me
preocupo de cubrir mis deseos, sino de buscar lo mejor para
quien es el objeto de mi amor.

Entonces la marca del verdadero amor no es deseo desenfre-
nado o pasión irracional; es una entrega personal. Jesús mismo
subrayó esto cuando declaró a sus discípulos: "Nadie tiene
mayor amor que este, que uno ponga su vida por sus amigos"
(Jn. 15:13). Si amar es una entrega de uno mismo, entonces el
más grande amor se muestra al poner nuestra propia vida. Y
por supuesto, tal amor fue perfectamente modelado por Cristo.

EL AMOR ESTÁ EN EL NÚCLEO DEL CARÁCTER DE DIOS

Al apóstol Juan se le ha llamado "el apóstol del amor" porque escribió mucho sobre el tema. Estaba fascinado con el amor, abrumado por la realidad de que Dios lo amaba. A menudo, Juan se refirió a sí mismo en su evangelio como "el discípulo a quien amaba Jesús" (Jn. 21:20; cp. 13:23; 20:2; 21:7). Juan escribió en su primera epístola: "Dios es amor. En esto se mostró el amor de Dios para con nosotros, en que Dios envió a su Hijo unigénito al mundo, para que vivamos por él" (1 Jn. 4:8-9). Esas palabras son un eco claro de un pasaje conocido, Juan 3:16: "De tal manera amó Dios al mundo, que ha dado a su Hijo unigénito, para que todo aquel que en él cree, no se pierda, mas tenga vida eterna".

Antes que nada, veamos con atención esta sencilla frase de 1 Juan 4:8: "Dios es amor".

¿En qué sentido es cierto que Dios es amor? Hay muchas maneras de *malinterpretar* lo que Juan quiso decir. En realidad, 1 Juan 4:8 parece ser especialmente favorito de las sectas. Todo tipo de sectas desde la Ciencia Cristiana hasta los Hijos de Dios han aplicado de modo erróneo este versículo para apoyar ideas tremendamente herejes, la primera usándolo para representar a "Dios como Principio Divino, como Amor, y no como una personalidad";[1] y la segunda usándolo para justificar la promiscuidad sexual.[2] Es importante que comprendamos y rechacemos no solo esas doctrinas sino también las falsas ideas en las que se basan, para no resultar extraviados en nuestra propia manera de pensar.

En primer lugar, la expresión "Dios es amor" no significa

---

1. Mary Baker Eddy, *Science and Health with Key to the Scriptures* (Boston: Trustees of MBE, 1875), p. 473.

2. La secta los Hijos de Dios, conocida también como la Familia del Amor, es famosa por practicar una técnica evangelística que denominan "bombardeo de amor", en que los miembros de la secta ofrecen sexo a posibles reclutados "a fin de mostrarles el amor de Dios". [Maurice C. Burrell, *The Challenge of the Cults* (Grand Rapids: Baker, 1981), pp. 44-45].

despersonalizar a Dios ni representarlo como una fuerza, una sensación, un principio, o algún tipo de energía cósmica. Él es un ser personal, con todos los atributos de una personalidad: voluntad, sentimiento e intelecto. Es más, lo que el apóstol está diciendo es que el amor de Dios es la expresión más enaltecida de su persona. Por tanto, usar este texto para tratar de despersonalizar a Dios es violentar en gran manera el significado claro de la Biblia. Tal interpretación en realidad invierte el texto.

Segundo, este versículo de ninguna manera identifica a Dios con todo lo que nuestra sociedad llama amor. Gordon Clark escribió: "Juan no está diciendo que todo tipo de emociones llamadas amor provienen de Dios. El romanticismo de Goethe, y mucho más el actual libertinaje sexual, no vienen de Dios".[3] Es más, quienes citan este versículo para tratar de legitimar formas ilícitas de "amor" están tan lejos de la intención del apóstol como es posible estarlo. El amor del que él habla es un amor puro y santo, coherente con todos los atributos divinos.

Tercero, esta no pretende ser una definición de Dios o un resumen de sus atributos. El amor divino en ningún modo minimiza o anula otros atributos de Dios: su omnisciencia, su omnipotencia, su omnipresencia, su inmutabilidad, su señorío, su justicia, su ira contra el pecado, o cualquiera de las perfecciones gloriosas de Dios. Negar alguna de ellas es negar al Dios de las Escrituras.

Sin duda hay más en relación con Dios que el amor. Iguales expresiones en otras partes de la Biblia lo demuestran. Por ejemplo, el mismo apóstol que escribió estas palabras también subrayó: "Dios es Espíritu" (Jn. 4:24). Ya hemos observado que la Biblia también dice: "Dios es fuego consumidor" (Dt. 4:24; He. 12:29). Y el Salmo 7:11 declara: "Dios es juez justo, y Dios está airado contra el impío todos los días". La simple declaración "Dios es amor" obviamente no transmite todo lo que puede conocerse acerca de Dios. Por la Biblia sabemos que Él también

---

3. Gordon H. Clark, *First John: A Commentary* (Jefferson, Maryland: Trinity Foundation, 1980), p. 131.

es santo, justo y fiel a su Palabra. El amor de Dios no contradice su santidad; al contrario, la complementa, la amplifica, y le da su significado más profundo. Por tanto, no podemos separar esta frase del resto de las Escrituras y tratar de hacer que el amor represente la suma de lo que sabemos respecto a Dios. A propósito, observemos que la frase "Dios es amor" no es ni siquiera la única de tales declaraciones en la primera epístola de Juan.

En la introducción de la carta, en el mismo inicio, Juan ofreció esta declaración abreviada del mensaje que quería declarar: "*Dios es luz*, y no hay ningunas tinieblas en él" (1 Jn. 1:5). Cuando el apóstol expresa que "Dios es luz", abarca varias ideas, entre ellas santidad, verdad y esplendor divino. Por eso, al leer esta epístola, debemos recordar que estas dos frases, "Dios es luz" y "Dios es amor", deben mantenerse en equilibrio todo el tiempo. Dios es amor, pero una vez dicho eso, no hemos dicho todo lo que es cierto acerca de Dios.

Sin embargo, no nos atrevamos a minimizar la fuerza de este texto crucial. Al afirmar que "Dios es amor", el apóstol está haciendo una declaración muy fuerte respecto al carácter y la esencia de Dios. La misma naturaleza de Dios es amar... el amor impregna lo que Él es. O, como John Stott escribió: "Dios es amor en lo más íntimo de su ser".[4] Stott llama a la declaración del apóstol de que Dios es amor "la más comprensiva y sublime de todas las afirmaciones bíblicas sobre Dios".[5]

La declaración "Dios es amor" es tan profunda que nada menos que Agustín la vio como evidencia importante para la doctrina de la Trinidad. Si Dios es amor (es decir, si el amor es intrínseco a su misma naturaleza), entonces Él siempre ha amado, aún desde la eternidad pasada, antes que hubiera algún objeto creado para su amor. Agustín sugirió que este amor debió haber existido entre las personas de la Trinidad, con el Padre

4. John R. W. Stott, *The Epistles of John* (Grand Rapids: Eerdmans, 1964), p. 160.
5. *Ibíd.*

amando al Hijo, y así sucesivamente. Por eso, según Agustín, el mismo hecho de que Dios sea amor corrobora la doctrina de la Trinidad.

Está claro que el amor que describe este texto es una realidad eterna; fluye de la misma naturaleza de Dios y no es una respuesta a algo fuera de la persona de Dios. El apóstol no declara: "Dios está *amando*", como si estuviera hablando de uno de muchos atributos, sino que expresa "Dios es amor" como para decir que el amor impregna e influye en todos sus atributos.

Por ejemplo, sabemos que Dios es "santo, inocente, sin mancha, apartado de los pecadores, y hecho más sublime que los cielos" (He. 7:26). Como un ser santo, Él sería perfectamente justo si viera a todos los pecadores con el mayor desprecio. Pero la suya es una santidad amorosa que se extiende con salvación a los pecadores, lo cual es la antítesis de la indiferencia.

Sin duda el amor suaviza hasta los juicios de Dios. ¡Qué maravilloso que quien es fuego consumidor, que quien es luz inaccesible, también sea la personificación del amor! Él pospone sus juicios contra el pecado mientras suplica a los pecadores que se arrepientan. Dios ofrece libremente misericordia a todos los que se *arrepienten*. Muestra paciencia y bondad incluso a muchos que endurecen sus corazones contra Él. El amor divino no solo mantiene a raya la ira divina mientras Dios apela a los pecadores, sino que también prueba que Dios es justo cuando finalmente condena.

E incluso cuando condena, "Dios es amor". Por tanto, nuestro Dios se muestra no solo glorioso sino también bueno; no solo inmaculadamente santo, sino también maravillosamente compasivo; no solo justo, sino también como un Dios de amor inigualable. Y ese amor emana de su misma esencia.

Todo el que ama nace de Dios y conoce a Dios

De la verdad que Dios es amor, el apóstol saca este corolario: "El amor es de Dios" (1 Jn. 4:7). Dios es la fuente de todo amor verdadero. Por eso, el amor es la mejor evidencia de que alguien conoce de veras a Dios: "Todo aquel que ama, es nacido de Dios, y conoce a Dios. El que no ama, no ha conocido a Dios" (vv. 7-8). En otras palabras, el amor es la prueba de un corazón regenerado. Solamente los cristianos verdaderos son capaces de un amor auténtico.

Está claro que la clase de amor del que el apóstol habla es una expresión más enaltecida y pura de amor que el comúnmente conocido por la experiencia humana. El amor al que se refiere no fluye de modo natural del corazón humano. No es un amor carnal, un amor romántico, ni incluso un amor familiar. Es un amor sobrenatural que es peculiar a quienes conocen a Dios. Es un amor *piadoso*.

Es más, el apóstol empleó una expresión griega para "amor" que era poco habitual en la cultura del primer siglo. La palabra era *ágape*, que no era común hasta que el Nuevo Testamento la hizo común. Cuando un pagano típico del siglo I pensaba en amor, *ágape* no era la palabra que le habría venido a la mente. En realidad, había otras dos expresiones griegas comunes para amor: *filéo*, para describir el amor fraternal, y *eros*, para describir todo desde el amor romántico hasta la pasión sexual.

Filéo se utiliza ocasionalmente como sinónimo de *ágape*, pero en general la palabra *ágape* se usa como un término más refinado y enaltecido. En el mismo sentido que Juan lo utiliza aquí, *ágape* es exclusivo para Dios. Nuestro Señor es la única fuente de ese amor.

El amor por nuestra familia, el amor romántico y el amor de buenos amigos caen todos en la categoría de lo que la Biblia llama "afecto natural" (Ro. 1:31; 2 Ti. 3:3). Incluso estas expresiones de "afecto natural", o amor humano, pueden ser maravillosamente ricas. Llenan la vida con color y alegría. Sin embargo, son simplemente pálidos reflejos de la imagen de Dios en sus criaturas. El amor divino es *perfecto*. Ese amor puro, santo y piadoso solo pueden conocerlo aquellos que son nacidos de Él. Se trata del mismo amor insondable que movió a Dios a enviar "a su Hijo unigénito al mundo, para que vivamos por él" (1 Jn. 4:9). Donald W. Burdick nos muestra tres características de este tipo de amor según Dios:

Es espontáneo. No había nada de valor en las personas amadas que provocara tal amor expiatorio. Por voluntad propia Dios depositó su amor en nosotros a pesar de nuestra enemistad y nuestro pecado. [*Ágape*] es amor iniciado por el amante simplemente porque desea amar, no debido al valor o la amabilidad del ser amado. *Es abnegado.* [*Ágape*] no se interesa en lo que puede ganar, sino en lo que puede dar. No está inclinado a satisfacer al amante, sino a ayudar al amado cueste lo que cueste. *Es activo.* [*Ágape*] no es simple sentimiento albergado en el corazón. Tampoco son meras palabras por elocuentes que sean. Implica sentimiento y puede expresarse en palabras, pero sobre todo es una actitud hacia otra persona que mueve la voluntad de actuar para ayudar a satisfacer la necesidad del ser amado.[6]

Todos los verdaderos creyentes tienen este amor; y todos los que lo tienen son verdaderos creyentes.

Este tipo de amor no puede ser fruto de la voluntad humana. Es forjado en los corazones de los creyentes por Dios mismo. "Nosotros le amamos a él, porque él nos amó primero" (1 Jn. 4:19). El amor por Dios y por nuestros hermanos creyentes es el resultado inevitable del nuevo nacimiento, por el cual llegamos "a ser participantes de la naturaleza divina" (2 P. 1:4). Así como amar es la naturaleza de Dios, amar es característico de sus verdaderos hijos. "El amor de Dios ha sido derramado en nuestros corazones por el Espíritu Santo que nos fue dado" (Ro. 5:5).

---

6. Donald W. Burdick, *The Letters of John the Apostle* (Chicago: Moody, 1985), p. 351.

Por tanto, el amor cristiano es una de las pruebas más importantes de la realidad de la fe de alguien.

EL QUE NO AMA NO CONOCE A DIOS

Es importante comprender el contexto de la primera epístola de Juan. El apóstol está escribiendo sobre la seguridad de la salvación y esboza varias pruebas prácticas y doctrinales que demuestran o desaprueban la autenticidad de la salvación de alguien. Juan escribe para ayudar a los creyentes que batallan a obtener seguridad. Afirma eso en 1 Juan 5:13: "Estas cosas os he escrito a vosotros que creéis en el nombre del Hijo de Dios, *para que sepáis que tenéis vida eterna*".

Pero sobre la marcha Juan tiene un propósito secundario, y es destruir la *falsa seguridad* de quienes podrían profesar fe en Cristo sin conocerlo realmente. Por tanto, escribe cosas tales como: "Si decimos que tenemos comunión con él, y andamos en tinieblas, mentimos, y no practicamos la verdad" (1:6). "El que dice: Yo le conozco, y no guarda sus mandamientos, el tal es mentiroso, y la verdad no está en él" (2:4). Y: "El que dice que está en la luz, y aborrece a su hermano, está todavía en tinieblas" (v. 9).

Aquí Juan hace del amor piadoso una especie de prueba de fuego para el verdadero cristiano: "El que no ama, no ha conocido a Dios; porque Dios es amor" (4:8). Con relación a tal declaración, Martyn Lloyd-Jones observó:

> Juan no pone esto tan solo como una exhortación. Lo pone en tal manera que se vuelve un asunto sumamente serio, y yo casi tiemblo cuando proclamo esta doctrina. Existen personas no amorosas, no amables, que siempre critican, chismean, murmuran y se agradan cuando oyen algo contra otro cristiano. Oh, mi corazón se aflige y sangra cuando pienso en ellos; están pronunciando y proclamando que no son nacidos de Dios. Están fuera de la vida de Dios; y

repito, no hay esperanza para tales individuos a menos que se arrepientan y se vuelvan a Él.[7]

Es triste que la mayoría de nosotros nos hayamos topado con cristianos profesantes cuyos corazones parecen privados de cualquier amor auténtico. La amonestación del apóstol Juan es un recordatorio solemne de que una simple pretensión de fe en Cristo es inútil. La fe *auténtica* se mostrará inevitablemente por amor. Después de todo, la fe verdadera obra a través del amor (Gá. 5:6). Esta clase de amor dado por Dios no se falsifica fácilmente. Demos un vistazo a todo lo que comprende: amor por Dios mismo (1 Co. 16:22); amor por los hermanos (1 Jn. 3:14); amor por la verdad y la justicia (Ro. 6:17-18); amor por la Palabra de Dios (Sal. 1:2); ¡e incluso amor por los enemigos! (Mt. 5:44). Tal amor es contrario a la naturaleza humana. Es la antítesis a nuestro egoísmo natural. El solo pensamiento de amar tales cosas es odioso para el corazón pecador.

Más adelante en este mismo capítulo, el apóstol escribe: "Dios es amor; y el que permanece en amor, permanece en Dios, y Dios en él" (1 Jn. 4:16), haciendo de nuevo del amor divino la característica de la fe genuina.

Martyn Lloyd-Jones enumeró diez maneras simples y prácticas de saber si permanecemos en amor.[8] Las he parafraseado aquí y les he añadido referencias bíblicas para subrayar cada punto:

☐ ¿Hay una pérdida de la sensación de que Dios está contra mí? (Ro. 5:1; 8:31).

☐ ¿Hay una pérdida de ansias de temer a Dios, así como un aumento correspondiente en temor piadoso? (cp. 1 Jn. 4:18; He. 12:28).

7. D. Martyn Lloyd-Jones, *The Love of God* (Wheaton: Crossway, 1994), p. 45.
8. *Ibíd.*, pp. 150-53.

❐ ¿Siento el amor de Dios por mí? (1 Jn. 4:16).

❐ ¿Sé que mis pecados están perdonados? (Ro. 4:7-8).

❐ ¿Tengo una sensación de gratitud hacia Dios? (Col. 2:6-7).

❐ ¿Tengo un odio creciente por el pecado? (Ro. 7:15-16).

❐ ¿Deseo agradar a Dios y vivir en santidad? (Jn. 14:21; 1 Jn. 2:5-6).

❐ ¿Hay un deseo de conocer mejor a Dios y acercarme a Él? (Fil. 3:10).

❐ ¿Hay un pesar consciente de que mi amor por Él es menor de lo que debería ser? (Fil. 1:9-10).

❐ ¿Hay una sensación de deleite al oír acerca de Dios y de las cosas de Dios? (Sal. 1:1-2).

Supongamos que fallamos en esas pruebas. ¿Cómo podemos conocer el amor de Dios? En palabras de Lloyd-Jones: "No es necesario comenzar a volvernos místicos, no debemos tratar de generar sentimientos; solo debemos hacer una cosa: enfrentar a Dios, vernos y ver nuestro pecado, y ver a Cristo como nuestro Salvador".[9]

La cruz es la prueba suprema del amor divino

Examinemos otra vez el texto del que sacamos el título de este capítulo: "Dios es amor. En esto se mostró el amor de Dios para con nosotros, en que Dios envió a su Hijo unigénito al mundo, para que vivamos por él" (1 Jn. 4:8-9).

No estaríamos haciendo justicia a este versículo si limitáramos nuestro análisis del amor divino a términos abstractos. El amor de Dios no es tan solo un noúmeno subjetivo. Es dinámico, activo, vibrante y poderoso. Dios ha "manifestado" su amor,

---

9. *Ibíd.*, pp. 153-54.

o lo ha mostrado en un acto particular que puede examinarse de manera objetiva.

En otras palabras, la Biblia no declara simplemente que "Dios es amor" y deja que el individuo interprete subjetivamente el significado. Hay un contexto doctrinal muy importante en el que el amor de Dios se explica y se ilustra. Afirmar que Dios es amor, al mismo tiempo que se niega la doctrina subyacente y se define esa verdad, es hacer que la verdad misma carezca de significado. Sin embargo, eso es precisamente lo que muchos han hecho. Por ejemplo, nuestros adversarios, los liberales teológicos, están muy dispuestos a afirmar que Dios es amor; pero a menudo niegan de plano el significado de la expiación sustitutoria de Cristo. Sugieren que debido a que Dios es amor, Cristo en realidad no necesitaba morir como sacrificio sustitutorio para rechazar la ira divina de los pecadores. Representan a Dios como alguien fácil de apaciguar, y caracterizan la muerte de Cristo como un acto de martirio o ejemplo moral para los creyentes, negando así que era la propia ira de Dios la que debía ser propiciada por medio del sacrificio de sangre, y que Dios entregó a propósito a su Hijo con el fin de hacer tal expiación. Además, ellos rechazan la manifestación consumada del amor de Dios, incluso al mismo tiempo que intentan hacer del amor divino la pieza central de su sistema.

Con frecuencia encuentro personas que creen que porque Dios es amor, la teología en realidad no importa. Un joven me escribió hace poco una carta que en parte decía: "¿Cree usted realmente que a Dios le preocupen todos los puntos doctrinales que nos dividen a los cristianos? ¡Cuánto mejor sería que olvidáramos nuestras diferencias doctrinales y tan solo mostráramos al mundo el amor de Dios!".

Pero tal posición es insostenible, porque muchos que se llaman cristianos son engañadores. Por eso, el apóstol Juan comenzó el capítulo del que tomamos nuestro texto con estas palabras: "Amados, no creáis a todo espíritu, sino probad los espíritus si son de Dios; porque muchos falsos profetas han salido por el mundo" (1 Jn. 4:1).

Además, dado que una importante cantidad de doctrina sustenta lo que la Biblia enseña acerca del amor divino, es una falacia creer que el amor divino y la teología se opongan de alguna manera. Martyn Lloyd-Jones escribió respecto a este mismo tema:

> La gran tendencia en el siglo actual ha sido presentar como antítesis la idea de Dios como un Dios de amor por un lado, y la teología, el dogma o la doctrina por el otro. Hoy día la persona promedio ha asumido generalmente una posición similar a lo que cierto individuo indicó: "Vea usted, no estoy interesado en su doctrina. Sin duda la gran equivocación que la Iglesia ha cometido a lo largo de los siglos es toda esta labia sobre dogma, toda esta doctrina del pecado, la doctrina de la expiación, y esta idea de la justificación y santificación. Desde luego que hay algunas personas que podrían estar interesadas en ese tipo de cosas; puede que disfruten leyéndolas y discutiéndolas, pero en cuanto a mí, no creo que haya algo de verdad en eso; lo único que digo es que Dios es amor". De esta manera, tal individuo pone esta idea de Dios como amor por encima y contra todas estas doctrinas que la Iglesia ha enseñado a lo largo de los siglos.[10]

En realidad, tal pensamiento ha sido el modo de pensar predominante tanto en lo popular como en gran parte de la religión organizada durante la mayor parte de este siglo. En muchos sentidos, esa mentalidad se ha convertido en el sello distintivo de la Iglesia en el siglo xx.

Lloyd-Jones señala que, según 1 Juan 4:9-10, "las personas que en consecuencia se oponen a la idea de Dios como amor y

---

10. *Ibíd.*, 51.

a estas doctrinas básicas y fundamentales puede que, en última instancia, *no sepan nada en cuanto al amor de Dios*".[11] De hecho, al mirar de nuevo estos versículos, descubriremos que el apóstol explica el amor de Dios en términos de sacrificio, expiación por el pecado y propiciación: "En esto consiste el amor: no en que nosotros hayamos amado a Dios, sino en que él nos amó a nosotros, y envió a su Hijo en *propiciación* por nuestros pecados" (1 Jn. 4:10). Esa palabra habla de un sacrificio diseñado para rechazar la ira de una deidad ofendida. Lo que el apóstol está diciendo es que Dios ofreció a su Hijo como ofrenda por el pecado para satisfacer su propia ira y justicia en la salvación de pecadores.

Ese es núcleo esencial del evangelio. Las "buenas nuevas" no son que Dios esté dispuesto a pasar por alto el pecado y perdonar a los pecadores. Eso comprometería la santidad de Dios, dejaría sin cumplir la justicia y pisotearía la verdadera justicia. Además, eso no sería amor de parte de Dios sino apatía.

Las *verdaderas* buenas nuevas son que Dios mismo, a través del sacrificio de su Hijo, pagó el precio del pecado. Él tomó la iniciativa ("nosotros le amamos a él, porque él nos amó primero"). Dios no estaba respondiendo a nada en los pecadores que los hiciera dignos de la gracia divina. Al contrario, su amor por la humanidad pecadora fue totalmente inmerecido. Los pecadores por los que Cristo murió solo eran dignos de la ira de Dios. Según Pablo escribió: "Cristo... murió por los *impíos*. Ciertamente, apenas morirá alguno por un justo; con todo, pudiera ser que alguno osara morir por el bueno. Mas Dios muestra su amor para con nosotros, en que *siendo aún pecadores*, Cristo murió por nosotros" (Ro. 5:6-8).

Puesto que Dios es justo, debe castigar el pecado; no puede simplemente absolver la culpa y dejar insatisfecha la justicia. Pero la muerte de Cristo satisfizo totalmente la justicia de Dios, su rectitud y su odio santo al pecado.

---

11. *Ibíd.*, 52 (cursivas añadidas).

Algunas personas retroceden ante la idea de una víctima inocente que hace expiación por pecadores culpables. Les gusta la idea de que la gente debe pagar por sus propios pecados. Pero si eliminamos esta doctrina del sacrificio sustitutorio, no tendremos ningún evangelio en absoluto. Si la muerte de Cristo fuera algo menos que una ofrenda por la culpa de los pecadores, nadie podría salvarse.

Sin embargo, en la muerte de Cristo en la cruz se encuentra la expresión más enaltecida posible del amor divino. Dios, quien *es* amor, envió a su precioso Hijo a morir como expiación por el pecado. Si nuestro sentido de justicia se indigna por eso, ¡qué bueno! Debería impresionarnos. Debería parecernos increíble. Debería dejarnos anonadados. Al reflexionar en esto comenzaremos a tener una idea del precio enorme que Dios pagó para manifestar su amor.

La cruz de Cristo también brinda la perspectiva más completa y exacta sobre un tema que revisaremos una y otra vez en este libro: el equilibrio entre el amor de Dios y su ira.

En la cruz, su *amor* se muestra a la humanidad pecadora: criaturas caídas sin ningún derecho de reclamar a Dios bondad, misericordia o amor. Y su *ira* se derramó sobre su Hijo amado, quien no hizo nada digno de algún tipo de castigo.

Si usted no está impresionado por eso, todavía no entiende lo que Cristo hizo.

Sin embargo, si vislumbra esta verdad, lo que usted piensa de Dios como un Padre amoroso tomará una nueva profundidad y riqueza. "Dios es amor", y demostró su amor por nosotros en que siendo aún pecadores en rebelión contra Él, Dios entregó a su Hijo unigénito para que muriera por nosotros, y para que pudiéramos vivir a través de Él (Ro. 5:8; 1 Jn. 4:9-10). Ese es el núcleo mismo del evangelio, y ofrece la única esperanza a aquellos que están esclavizados por el pecado: "Cree en el Señor Jesucristo, y serás salvo" (Hch. 16:31).

3

Mira, pues, la bondad...

A. W. Tozer escribió: "Lo que nos viene a la mente cuando pensamos en Dios es lo más importante de nosotros".[1] Tozer tenía razón. Una concepción adecuada de Dios proporciona la base de todo lo que es absolutamente esencial para la vida espiritual y la salud. Por otra parte, para aquellos con un concepto seriamente distorsionado de quién es Dios, la fe verdadera es totalmente imposible. De ahí que malinterpretar el carácter de Dios puede incluso ser espiritualmente fatal.

Ese es el verdadero peligro planteado por el contemporáneo malentendido sobre el amor de Dios. A pesar de la claridad de la Biblia sobre el amor de Dios, millones siguen en tinieblas espirituales por una idea de Dios que es totalmente desequilibrada. Quieren al Dios que es amoroso pero no iracundo. El Dios de la Biblia no se ajusta a sus ideas. Por tanto, adoran a un Dios que ellos mismos han fabricado. Sus pensamientos acerca de Dios constituyen idolatría pura.

Por esta misma razón existe un peligro inherente en prestar demasiada atención a cualquier atributo de Dios, tal como su amor. El apóstol Pablo escribió: "Mira, pues, la bondad y la severidad de Dios" (Ro. 11:22). Es importante que mantengamos

---

1. A. W. Tozer, *El conocimiento del Dios Santo* (Deerfield, FL: Vida, 1996), p. 7.

el equilibrio bíblico en nuestro pensamiento. Mientras estudiamos el amor de Dios debemos tener en cuenta que Él también es santo, inocente, inmaculado, que está separado de los pecadores, y que es más sublime que los cielos (He. 7:26); que "Dios es juez justo, y [que] está airado contra el impío todos los días" (Sal. 7:11); y que si el hombre "no se arrepiente, [Dios] afilará su espada; armado tiene ya su arco, y lo ha preparado. Asimismo ha preparado armas de muerte, y ha labrado saetas ardientes" (vv. 12-13); "porque nuestro Dios es fuego consumidor" (He. 12:29). Él es un Dios celoso, que visita la maldad de los padres sobre los hijos hasta la tercera y cuarta generación de los que lo aborrecen (Éx. 20:5; Dt. 5:9).

El amor de Dios, inmensurable como es, no niega ninguna de tales verdades. No debemos destacar el amor divino hasta el punto en que distorsionemos esas otras verdades igualmente cruciales acerca de Dios. Por desgracia, esa es precisamente la senda trágica que nuestra cultura como un todo ha tomado. La ira de Dios es prácticamente un tema tabú. La mayoría de personas estaría demasiado dispuesta a relegar la noción de la ira divina al basurero de ideas religiosas anticuadas o poco sofisticadas. No hay espacio para un Dios iracundo en una época "iluminada" como la nuestra. Incluso algunos predicadores que profesan creer en la Biblia, y sabiendo sin embargo cómo sienten las personas acerca de un Dios enojado, tienen cuidado de evitar tales temas a favor de un mensaje más amistoso. Todo esto solamente ha intensificado el problema.

Un error generalizado es que el concepto del Dios enojado está limitado al Antiguo Testamento. Según este punto de vista, la Biblia nos revela a Dios en forma progresiva. El Antiguo Testamento lo describió como una deidad irascible e indignada, pero solo para adaptarse a la comprensión primitiva de nuestros antepasados. Supuestamente el Nuevo Testamento —y en particular Jesús— corrigieron este concepto "defectuoso", resaltando el amor de Dios. Aquellos que sostienen este punto de vista sugieren que el Dios amoroso del Nuevo Testamento refleja un entendimiento más sofisticado de Dios del que tenían los patriarcas.

Hay un grave problema con esta teoría: toda la información bíblica la refuta claramente. En primer lugar, el Antiguo Testamento tiene tanto que decir acerca del amor de Dios como el Nuevo. Vez tras vez, el Antiguo Testamento exalta la misericordia y la bondad de Dios. Es más, la palabra para "misericordia" se aplica a Dios más de ciento cincuenta veces solo en el Antiguo Testamento: "Por la misericordia de Jehová no hemos sido consumidos, porque nunca decayeron sus misericordias. Nuevas son cada mañana; grande es tu fidelidad" (Lm. 3:22-23). Esa verdad se resalta desde el principio hasta el fin del Antiguo Testamento.

El amor de Dios por Israel se revela una y otra vez, a pesar del rechazo de la nación. La descripción de ese amor en la profecía de Oseas es inconfundible, e incluso impresionante. Oseas se convirtió en una ilustración viva del amor divino en su relación con su esposa Gomer. Ella se volvió prostituta y tuvo varios hijos ilegítimos, destrozó el corazón de su esposo, fue tras una vida de ramera adúltera hasta depravarse por completo. Finalmente, Gomer fue puesta a la venta en un mercado de esclavos. Oseas le había seguido su miserable carrera, y tras bastidores se aseguraba de satisfacerle las necesidades. Cuando la pusieron para ser vendida al mejor postor, Oseas la compró, la llevó a casa y la trató como si fuera virgen. El amor loable, generoso y perdonador de él por su malvada esposa, y su disposición de recibirla de vuelta a pesar de lo que ella había hecho, son lecciones objetivas para ilustrar el amor de Dios por el Israel pecador. Oseas cita el propio ruego de Dios a esa nación caprichosa: "Mi corazón se conmueve dentro de mí, se inflama toda mi compasión" (Os. 11:8). ¡Cuán fielmente ama Dios!

A lo largo del Antiguo Testamento, se describe a Dios de

esa manera, como un Dios de tierna misericordia, compasión infinita, gran bondad y paciente benignidad.

Para dejar claras las cosas, el Nuevo Testamento tiene tanto que decir respecto a la *ira* de Dios como el Antiguo. Fue Jesús mismo, en el Nuevo Testamento, quien brindó las descripciones más completas y explícitas de los horrores del infierno (Mt. 5:29-30; Mr. 9:43-48; Lc. 16:19-31). Y el Nuevo Testamento también registra estas palabras de Jesús: "Os enseñaré a quién debéis temer: Temed a aquel que después de haber quitado la vida, tiene poder de echar en el infierno; sí, os digo, a éste temed" (Lc. 12:5). La última descripción que el Nuevo Testamento hace de Cristo en su gloriosa Segunda Venida dice: "De su boca sale una espada aguda, para herir con ella a las naciones, y él las regirá con vara de hierro; y él pisa el lagar del vino del furor y de la ira del Dios Todopoderoso" (Ap. 19:15).

Así que no hay absolutamente ninguna base para la idea de que el Nuevo Testamento cambia el concepto de Dios de iracundo a amoroso. El mismo Dios se nos revela en ambos Testamentos. La gloriosa verdad es que "Dios es amor" (1 Jn. 4:8, 16); sin embargo, "¡horrenda cosa es caer en manos del Dios vivo!" (He. 10:31). Ambas verdades se destacan en ambos Testamentos.

Una aclaración más debe hacerse sobre este punto. Cuando hablamos del amor y de la ira de Dios, no nos referimos a algo parecido a las pasiones humanas. Según la más conocida confesión protestante de fe, Dios es un "espíritu puro, invisible, sin cuerpo, partes o pasiones, inmutable".[2] La ira y el amor de Dios son disposiciones fijas y constantes. No son estados de ánimo o emociones apasionadas. Él no oscila violentamente de un temperamento al otro. Pensar en Dios de esa manera es negar que Él sea eternamente inmutable. Dios mismo declara: "Yo Jehová no cambio" (Mal. 3:6). En Dios "no hay mudanza,

---

2. *Confesión de fe Westminster*, capítulo 2, sección 1.

ni sombra de variación" (Stg. 1:17). Él "es el mismo ayer, y hoy, y por los siglos" (He. 13:8). Tampoco la ira y el amor de Dios implican alguna contradicción en su naturaleza. "Él no puede negarse a sí mismo" (2 Ti. 2:13). Su ira no es incompatible con su amor. Debido a que Dios ama de manera tan completa aquello que es verdadero y correcto, debe odiar todo lo que es falso y equivocado. Ya que ama tan perfectamente a sus hijos, busca lo que los bendice y edifica, y detesta todo lo que los maldice y degrada. Por tanto, la ira de Dios contra el pecado en realidad es una expresión de su amor por su pueblo. El castigo por el pecado es prueba de que Dios es un Padre amoroso (He. 12:6-11). Y cuando Él ejerce venganza contra los enemigos de la verdad, eso también revela su amor por sus escogidos. La historia de Israel está llena de ejemplos de estas verdades.

Un ejemplo clásico de esto fue Nínive, una ciudad que fue enemiga de Israel durante varios siglos. Allí quedaron demostradas de forma dramática tanto la bondad como la severidad de Dios. En realidad, en ninguna parte la misericordia y la ira santa de Dios se aprecian más vívidamente que en la historia de Nínive. En este capítulo examinaremos la bondad divina hacia la ciudad y en el capítulo que sigue veremos cómo esa bondad finalmente dio paso a un terrible derramamiento de la ira divina.

LA CIUDAD DE PECADO

Nínive fue una ciudad antigua fundada por Nimrod. Génesis 10:8-12 relata que Nimrod fundó todo el reino babilonio, del cual Nínive formaba parte (cp. Mi. 5:6). La Babilonia de Nimrod se convirtió en la fuente de prácticamente todo sistema religioso falso.[3] Es por eso que la Biblia hace referencia a

---

3. Véase Alexander Hislop, *Las dos Babilonias* (Bonita Springs, Florida: Ransom Press International, 1998) por abundante evidencia histórica de que la religión babilonia fundada por Nimrod es la base para casi todos los falsos sistemas religiosos subsiguientes.

"BABILONIA LA GRANDE, LA MADRE DE LAS RAME-
RAS Y DE LAS ABOMINACIONES DE LA TIERRA" (Ap.
17:5). Desde sus mismos inicios, Nínive fue una de las ciudades más importantes del imperio babilonio, llena de maldad
y libertinaje. Nínive se oponía a todo lo que representaba al
Dios verdadero y viceversa. En el siglo VIII a.c., Nínive se convirtió en la capital de
Asiria. Los asirios eran conocidos por su perversa maldad. Un
autor escribe:

Este pueblo gobernó con espantosa tiranía y violencia desde
el Cáucaso y el Caspio hasta el golfo Pérsico, y desde más
allá del Tigris hasta Asia Menor y Egipto. Los reyes asirios
literalmente atormentaron al mundo. Arrojaban los cadáveres de soldados como si fueran barro; hacían pirámides de
cabezas humanas; sacrificaban holocaustos de los hijos y las
hijas de sus enemigos; quemaban ciudades, a tierras pobla-
das las llenaban de muerte y devastación; enrojecían amplios
desiertos masacrando guerreros; esparcían naciones enteras
con los cadáveres de sus defensores como paja; empalaban
"montones de hombres" en estacas, cubrían montañas y
llenaban ríos con huesos de muertos; cortaban las manos de
reyes, y las clavaban a las murallas, y dejaban los cuerpos
pudriéndose con osos y perros en las puertas de entrada de
ciudades; cortaban guerreros como maleza, o los golpeaban
como bestias salvajes en los bosques, y cubrían pilares con
las pieles desolladas de monarcas rivales... y hacían estas
cosas sin sentimiento ni compunción.[4]

Nínive representó la sede de esta cultura malvada. Com-
prensiblemente, los israelitas odiaban a Nínive y todo lo que
los asirios representaban.

---

4. W. Graham Scroggie, *The Unfolding Drama of Redemption*, 3 vols. (Grand
Rapids: Zondervan, 1970) 1:383.

UN PROFETA REACIO Y UN GRAN AVIVAMIENTO

En la cúspide del poder asirio, Dios ordenó a un profeta de Israel que fuera a Nínive y advirtiera a los habitantes el juicio inminente de Dios. Como era de esperar, el profeta se rebeló. Ese profeta era Jonás, cuya historia es conocida por todo estudiante de escuela dominical. Con la orden divina de ir a Nínive, Jonás abordó un barco en el Mediterráneo... y se dirigió en dirección opuesta (Jon. 1:3). "Jehová hizo levantar un gran viento en el mar... que se pensó que se partiría la nave" (v. 4). Los marineros en el barco descubrieron que Jonás había enfurecido a Dios, y siguiendo las instrucciones del profeta lo lanzaron por la borda (vv. 12-15).

Dios había preparado un gran pez para que estuviera precisamente en el lugar correcto, y el pez se tragó a Jonás (v. 17). Después de tres días y tres noches en el vientre del pez —tiempo pasado por el desobediente profeta haciendo una de las mejores oraciones de arrepentimiento relatadas en la Biblia—, Jonás fue salvado milagrosamente (2:1-9). "Mandó Jehová al pez, y vomitó a Jonás en tierra" (2:10).

Las Escrituras declaran: "Vino palabra de Jehová por segunda vez a Jonás, diciendo: Levántate y ve a Nínive, aquella gran ciudad, y proclama en ella el mensaje que yo te diré" (3:1-2). Esta vez, aunque todavía de mala gana, "se levantó Jonás, y fue a Nínive conforme a la palabra de Jehová" (v. 3).

¿Ha notado usted *por qué* Jonás intentó huir de Nínive? No fue porque temiera a los habitantes de la ciudad. Tampoco fue porque le intimidara la idea de predicar la Palabra de Dios a paganos. Nada indicaba que Jonás fuera lo más mínimo tímido frente a los enemigos del Señor. Es más, lo poco que sabemos acerca de él demuestra que no era particularmente asustadizo.

Jonás fue muy sincero respecto a por qué huyó de su deber. Esta fue la explicación que le dio a Dios: "Sabía yo que tú eres Dios clemente y piadoso, tardo en enojarte, y de grande misericordia, y que te arrepientes del mal" (4:2). En pocas palabras, como sabía que Dios ama a los pecadores e intenta salvarlos, Jonás no quería advertir a los ninivitas gentiles. Prefirió guardar silencio y dejar que el juicio de Dios los tomara por sorpresa. El profeta se habría puesto muy feliz si Dios hubiera barrido a los ninivitas de la faz de la tierra sin previo aviso. Su peor temor era que la ciudad se arrepintiera y que entonces Dios evitara el juicio. En realidad, eso es precisamente lo que sucedió. Jonás había estado apenas un día en Nínive cuando un extraordinario despertar espiritual sacudió el lugar. El mensaje de Jonás fue corto: "De aquí a cuarenta días Nínive será destruida" (3:4). Ante esa simple advertencia, la Biblia nos informa que "los hombres de Nínive creyeron a Dios, y proclamaron ayuno, y se vistieron de cilicio desde el mayor hasta el menor de ellos" (v. 5). Esta ciudad pagana se arrepintió de la maldad que había hecho. El avivamiento tocó a todos los habitantes (calculados en seiscientos mil). Incluso el rey "se levantó de su silla, se despojó de su vestido, y se cubrió de cilicio y se sentó sobre ceniza" (v. 6). Fue el avivamiento espiritual más extraordinario que el mundo haya presenciado. Hasta el día de hoy, la historia nunca ha visto otro despertar como el que ocurrió en Nínive.

Sin embargo, Jonás *no* estaba satisfecho. Su peor temor estaba ocurriendo delante de sus ojos. No obstante, confió en ver que cayera sobre ellos el juicio de Dios. Acampó en el oriente de la ciudad para presenciar lo que iba a suceder (4:5). Lo que *sucedió* no es tan conocido para la mayoría de personas como lo fue la experiencia de Jonás con el pez; pero revela la enseñanza principal del libro de Jonás. Dios estaba dándole a Jonás una lección acerca de la gloria de la compasión divina.

Estos son los versículos de conclusión del libro. Jonás está acampado en el desierto en las afueras de Nínive, manteniendo su amarga vigilia:

> Preparó Jehová Dios una calabacera, la cual creció sobre
> Jonás para que hiciese sombra sobre su cabeza, y le librase

de su malestar; y Jonás se alegró grandemente por la calabacera. Pero al venir el alba del día siguiente, Dios preparó
un gusano, el cual hirió la calabacera, y se secó. Y aconteció
que al salir el sol, preparó Dios un recio viento solano, y el
sol hirió a Jonás en la cabeza, y se desmayaba, y deseaba la
muerte, diciendo: Mejor sería para mí la muerte que la vida.
Entonces dijo Dios a Jonás: ¿Tanto te enojas por la calabacera? Y él respondió: Mucho me enojo, hasta la muerte. Y
dijo Jehová: Tuviste tú lástima de la calabacera, en la cual
no trabajaste, ni tú la hiciste crecer; que en espacio de una
noche nació, y en espacio de otra noche pereció. ¿Y no tendré
yo piedad de Nínive, aquella gran ciudad donde hay más
de ciento veinte mil personas que no saben discernir entre
su mano derecha y su mano izquierda, y muchos animales?
(Jon. 4:6-11).

Ese es sin duda uno de los finales más extraños en toda la Biblia.
No se nos dice qué le sucedió después a Jonás. No tenemos idea
si su actitud cambió después de esto, o si permaneció allí todos
los cuarenta días, esperando aún la destrucción de Nínive. No
tenemos ninguna insinuación de cómo Jonás reaccionó en su
corazón a la tierna amonestación del Señor. No sabemos nada
de su ministerio posterior. La historia incluso guarda silencio
acerca de los efectos de largo plazo del avivamiento en Nínive.
Pero la lección que Dios estaba enseñándole a Jonás —y a
todo Israel— fue muy clara. Dios es amoroso, misericordioso,
paciente y compasivo con los pecadores.

¿Qué sucedió con la profecía de la destrucción de Nínive?
"Cuando Dios vio lo que habían hecho y cómo habían abandonado sus malos caminos, cambió de parecer y no llevó a
cabo la destrucción con que los había amenazado" (3:10, NTV).
¿Sugiere esto algo cambiante en Dios? La Reina-Valera 1960 es
aún más enérgica: "Dios... *se arrepintió* del mal que había dicho
que les haría, y no lo hizo". ¿No es esa una contradicción de

Números 23:19: "Dios no es hombre, para que mienta, ni hijo de hombre para que se arrepienta? Él dijo, ¿y no hará? Habló, ¿y no lo ejecutará?". Esta no es una contradicción; es un *antropopatismo*, una forma de hablar que asigna a Dios emociones y pensamientos humanos. La Biblia utiliza antropopatismos para explicarnos verdades acerca de Dios que no pueden expresarse en términos humanos literales.

Jonás 3:10 no significa que Dios realmente cambiara de parecer. Todo lo contrario; fueron los ninivitas los que cambiaron. Apartarse de la ira de Dios fue perfectamente coherente con el eterno carácter amoroso de Dios. En realidad, si Él *no* hubiera quitado su mano contra Nínive, *eso* habría indicado un cambio en Dios, porque esta misericordiosa promesa anula todas las amenazas de juicio divino: "Si esos pueblos se convirtieren de su maldad contra la cual hablé, yo me arrepentiré del mal que había pensado hacerles" (Jer. 18:8).

La profecía de destrucción de Nínive fue emitida contra un pueblo constituido por paganos soberbios y violentos que odiaban a Dios. Tal amenaza nunca se pronuncia contra humildes penitentes vestidos de cilicio y cenizas. El avivamiento cambió totalmente al pueblo de Nínive, por lo que Dios quitó su mano de juicio y les perdonó por amor.

Desde luego, lo que sucedió fue el diseño de Dios desde el principio. Jonás parecía entender esto. Sintió que la advertencia profética tenía la intención de parte de Dios de transformar los corazones de los ninivitas. Por eso es que huyó hacia Tarsis desde el principio. Por supuesto, lejos de sorprenderse por el giro de los acontecimientos, Dios fue soberano sobre cada detalle del drama que se desarrollaba. Aquel que supervisa a cada gorrión, quien incluso sabe cuántos cabellos hay en nuestras cabezas, es supremamente capaz de hacer que todo funcione para sus propios fines perfectos. En cada detalle se cumplen todos sus propósitos y se lleva a cabo todo lo que le place (Is. 46:10). Nada puede torcer, frustrar o mejorar el plan perfecto de Dios. "El Señor... hace conocer todo esto desde tiempos antiguos" (Hch. 15:18). Él controla de modo providencial todo lo que sucede, de acuerdo con un plan que decretó antes de la fundación del mundo.

A lo largo del libro de Jonás vemos a Dios actuando en la providencia divina, organizando soberanamente todos los acontecimientos de acuerdo con sus propósitos eternos. Por ejemplo, se nos dice que Dios designó al pez que se tragó a Jonás (1:17). Ahora, en el capítulo de cierre del libro, leemos tres veces que Dios "designó" que ciertas cosas fueran ilustraciones gráficas para Jonás mientras le enseñaba una lección acerca de la compasión divina. Estas ilustraciones demuestran cómo Dios determina incluso los detalles más pequeños en lo que sucede, a fin de que todo obre para su gloria y para el bien de quienes lo aman. Aquí Dios estaba dirigiendo soberanamente hasta lo más mínimo, no solo para el bien de los ninivitas, sino también para el bien de Jonás, aunque lo declarado no le agradó en absoluto a este.

El Señor le dio a aquel profeta que puso mala cara una serie de lecciones objetivas para reprender su falta de amor por los habitantes de Nínive.

En primer lugar, Dios *dispuso que una calabacera* creciera sobre Jonás para protegerlo del sol del desierto durante su vigilia. La Biblia indica que "Jonás se alegró grandemente por la calabacera" (4:6). Es probable que el profeta viera a la planta como un símbolo divino del favor de Dios hacia él. Tal vez pensó que podía interpretar la mano de la providencia divina en este hecho. Después de todo, una sola planta que creciera milagrosamente en medio del desierto en el lugar correcto para darle sombra a Jonás *debía* significar que Dios estaba de su parte, ¡no de parte de los ninivitas! El profeta pudo haber creído que esto significaba que a fin de cuentas Dios estaba preparándose para destruir a Nínive. El estado de ánimo de Jonás cambió de inmediato de enojo a contentamiento.

Pero al amanecer del día siguiente, Dios *dispuso que un gusano* atacara la planta a fin de que esta se marchitara y muriera. Peor aún, Dios *dispuso que un recio viento* consumiera todas las fuerzas del profeta e hiciera de repente que sus circunstancias fueran completamente incómodas. Dios seguía haciendo que todo obrara para el bien de Jonás, quien no veía los acontecimientos de este modo. Su estado de ánimo volvió a cambiar. Ahora estaba más enojado que nunca. Incluso le suplicó a Dios que lo dejara morir.

Dios reprendió al caprichoso profeta por no entender la compasión divina. Le recordó a Jonás que Nínive estaba lleno de niños pequeños ("más de ciento veinte mil personas que no saben discernir entre su mano derecha y su mano izquierda") que serían destruidos si Dios derramaba su ira sobre la ciudad. El Señor señaló que Jonás era tan egoísta en cuanto a su comodidad personal, que le importaba más una planta que los habitantes de Nínive.

Observemos cómo los sentimientos irracionales de Jonás por la planta ("en la cual no trabajaste, ni tú la hiciste crecer") contrastan con la compasión de Dios por su creación: "¿No tendré yo piedad de Nínive?". Romanos 9 repite la misma idea: "Tendré misericordia del que yo tenga misericordia, y me compadeceré del que yo me compadezca... ¿No tiene potestad el alfarero sobre el barro?" (vv. 15, 21). Si Dios decidió ser misericordioso con los habitantes de Nínive, tenía todo el derecho de mostrar su amor salvador de ese modo. Por otra parte, Jonás (él mismo receptor de la maravillosa gracia de Dios) *no* tenía derecho de que le causara resentimiento la compasión de Dios hacia otros. El profeta tampoco tenía el derecho de ser tan carente de compasión hacia esas personas.

Desde una perspectiva humana, sin duda es comprensible que Jonás, junto con prácticamente todo Israel, hubiera preferido que Dios simplemente destruyera Nínive. Pero la perspectiva humana es defectuosa. Dios es un Dios de paciencia, misericordia y gracia. Ya qué Él estaba dispuesto a mostrar misericordia por una sociedad malvada, la predicación de Jonás dio paso a uno de los avivamientos más extraordinarios en la historia de la humanidad... a pesar del mismo Jonás. Y Dios se glorificó en tal demostración de su gran amor por los pecadores.

EL DON DE DIOS DEL ARREPENTIMIENTO

La bondad de Dios y su tierna misericordia otorgadas sobre una cultura tan malvada nos dan una idea del corazón de Dios. Su naturaleza es amar, mostrar misericordia y tener compasión. Pero fijémonos bien en esto: cuando Él suspendió su mano de juicio sobre Nínive, no hizo simplemente caso omiso de los pecados de esa sociedad y les permitió que siguieran sin preocupación alguna en su búsqueda del mal. Dios cambió los corazones de los ninivitas. El avivamiento fue un milagro realizado por Dios. Como testificara el mismo Jonás, "la salvación es de Jehová" (2:9). Dios es quien llevó a los ninivitas al arrepentimiento y los despertó espiritualmente para que lloraran por sus pecados (3:8). Ellos se volvieron de sus malvados caminos (3:10), pero fue Dios quien los convirtió (Lm. 5:21: "Vuélvenos, oh Jehová, a ti, y nos volveremos").

El verdadero arrepentimiento del pecado es siempre un regalo de Dios. Pablo le escribió a Timoteo un consejo que habría sido apropiado para Jonás: "el siervo del Señor no debe ser contencioso, sino amable para con todos, apto para enseñar, sufrido; que con mansedumbre corrija a los que se oponen, *por si quizá Dios les conceda que se arrepientan* para conocer la verdad" (2 Ti. 2:24-25).

El mismo hecho del arrepentimiento de los ninivitas fue confirmación de la gracia soberana y del amor misericordioso de Dios. Si él no les hubiera hecho volver sus corazones, ellos nunca habrían cambiado.

Pero *sí* cambiaron, y casi al instante. "Los hombres de Nínive creyeron a Dios, y proclamaron ayuno, y se vistieron de cilicio desde el mayor hasta el menor de ellos" (3:5). El rey se despojó de sus vestiduras reales, se vistió de silicio, y proclamó ayuno. Fue sorprendente que una cultura de arrogancia malvada pudiera reducirse instantáneamente en masa a la humildad más baja en cilicio y cenizas. Al respecto, Hugh Martin, un predicador del siglo xix de Escocia, escribió:

> Sin duda, la mano de Dios debe rastrearse en esto, y su poder y misericordiosa influencia sobre los corazones de los ninivitas. Y una obra muy maravillosa es que por la gracia de Dios tal ciudad como Nínive (grande, violenta, orgullosa y con un espíritu arrogante) se humillara de manera tan sorprendente y repentina para creer el mensaje de Dios. Sin duda el Espíritu Santo de Dios con su santa Palabra estaba entre ellos: y muy poderosas, aunque secretas, fueron las operaciones divinas. Es imposible dar cuenta de la fe de esta ciudad sin atribuirla a la operación de Dios en los corazones de sus habitantes, y a la soberana misericordia de Dios hacia ellos... Cuando los ninivitas creyeron en Dios, ¿no fue esta una fe que "no era de ellos"? ¿No fue "el regalo de Dios"?[5]

Algunos han sugerido que la "fe" de los ninivitas no llegó a ser fe verdadera y salvadora. Pero no comparto esa opinión. Parece obvio por el testimonio de nuestro Señor que esto representó para las multitudes en Nínive una auténtica conversión salvadora. Es más, Jesús citó el arrepentimiento en Nínive como testimonio contra su propia generación: "Los hombres de Nínive se levantarán en el juicio con esta generación, y la condenarán; porque ellos se arrepintieron a la predicación de Jonás, y he aquí más que Jonás en este lugar" (Mt. 12:41; Lc. 11:32). Toda

---

5. Hugh Martin, *The Prophet Jonah: His Character and Mission to Nineveh* (Grand Rapids: Baker, 1979, reimpresión).

una generación de ninivitas entró al reino de Dios únicamente por la amorosa gracia divina.

¿Cuáles fueron los efectos a largo plazo de este avivamiento? Ni la Biblia ni la historia nos dan mucha información. Lo que sabemos no es alentador. Tristemente, más o menos una generación después de este avivamiento, Nínive volvió a sus antiguos caminos. Según veremos en el siguiente capítulo, Dios finalmente tuvo que derramar su ira sobre la ciudad.

Eso trae a la mente una verdad crucial sobre el amor y la bondad de Dios. "A todo aquel a quien se haya dado mucho, mucho se le demandará" (Lc. 12:48). La gracia y los privilegios de Dios no deben tomarse a la ligera. Con mayores privilegios viene mayor responsabilidad. Y quienes pecan contra la bondad de Dios solo profundizan su inevitable condenación.

La historia de Nínive ilustra tal verdad en modo gráfico. Esa única generación bendecida vio la bondad de Dios cuando lo que merecían era la ira divina. Solamente la eternidad revelará cuántas almas entraron al reino en ese avivamiento glorioso.

Pero la gloria se fue pronto. El recuerdo del avivamiento tuvo corta vida. Trágicamente, los descendientes de esa generación avivada de ninivitas volvieron a la perversión extrema de sus antepasados. La misericordia de Dios hacia esa generación se olvidó pronto. Una generación más joven regresó a los pecados de sus padres. La bondad de Dios hacia la ciudad de Nínive se convirtió en un recuerdo lejano. El avivamiento ni siquiera se mencionó en ninguno de los registros conocidos de la historia asiria. No existe evidencia de que ese avivamiento haya penetrado más allá de Nínive en el resto de la nación asiria. Es más, lo que conocemos como la historia asiria sugiere que el efecto del avivamiento se limitó a una generación y una ciudad. Asiria como un todo siguió siendo hostil al Dios de Israel. Sin el libro de Jonás del Antiguo Testamento no sabríamos nada de cómo la gracia amorosa de Dios se derramó sobre la ciudad malvada.

Aquellos años posteriores al avivamiento de Jonás fueron los mismos años en que Asiria se convirtió en la potencia mundial dominante, aumentando en poderío militar e influencia política. En la cumbre de la misericordia divina, Nínive se convirtió en la ciudad más poderosa de todo el mundo: el núcleo de la dominación asiria. Mientras tanto, Asiria continuó en guerra contra el pueblo de Dios. Pronto Jehová Dios fue otra vez más odiado que temido por los ninivitas.

Pero Dios no ha terminado con Nínive. La última página de su historia aún no se ha escrito. Esa desdichada ciudad, que había probado en extremo la bondad divina solo para despreciar al mismo Dios, estaba a punto de aprender que es terrible caer en manos del Dios vivo.

4

...y la severidad de Dios

PASARON MÁS DE CIEN AÑOS desde el tiempo de Jonás hasta que Nahúm profetizara la perdición final de Nínive. Nahúm, igual que Jonás antes de él, fue llamado específicamente a profetizar contra esa ciudad. El breve libro que lleva su nombre es su única profecía conocida. Esta vez el propósito de Dios era venganza, no misericordia. El mensaje de Jonás había traído una amorosa advertencia a la ciudad. El mensaje de Nahúm sería un pronunciamiento fatídico. Dios estaba a punto de glorificarse otra vez, pero ahora lo haría mostrando su *ira* contra Nínive.

Poco después de la experiencia de Jonás en Nínive, los asirios (dirigidos por Senaquerib, cuyo palacio estaba en Nínive) incrementaron su trato bárbaro hacia los israelitas. Los gobernantes asirios de esta época fueron hombres tan despiadados que se jactaban de sus brutalidades. Les gustaba torturar a sus víctimas con formas lentas y crueles de muerte, y fueron conocidos por erigir a sus conquistas monumentos de restos humanos mutilados. Senaquerib fue el peor de todos.

Asiria fue responsable de llevar a las diez tribus del norte de Israel al cautiverio del que nunca regresaron. Los asirios bajo Senaquerib también llevaron su fuerza militar contra el reino del sur durante el reinado de Ezequías. A través de Nahúm, Dios estaba en realidad diciendo que ya no toleraría los pecados de tal nación o la persecución de su pueblo. Y ya que Nínive era la capital de Asiria, fue contra los ninivitas que Dios pronunció su juicio.

Bajo el ministerio de Jonás —y a pesar de la actitud antipática de este profeta—, Dios mostró su amor y compasión por los ciudadanos de Nínive. Ahora iba a derramar su ira. De cualquier manera, Él recibió la gloria.

La profecía de Nahúm nos ofrece una visión lúcida del carácter de Dios. A menos que contemplemos la misericordia de Dios y olvidemos su severidad, he aquí un recordatorio de que, en última instancia, un Dios santo debe vengarse del pecado. Dios es un Juez justo. Que no imparta juicio sería incompatible con su gloria, poco veraz a su Palabra y una contradicción de quién es Él. Dicho de otra manera, la base para su juicio es su carácter justo. Su juicio es tan esencial para su gloria como lo es su amor.

Así que en los términos más francos y vívidos, Nahúm presenta el carácter majestuoso de Dios como Juez. La profecía de Nahúm es notable por su cuidadoso equilibrio. El profeta esboza cuatro aspectos del juicio de Dios que muestran el equilibrio perfecto de los atributos divinos.

ES UN DIOS DE JUSTICIA INFLEXIBLE

Justicia es un término legal que describe la rectitud del gobierno divino. Dios es un Dios justo. Su justicia es tan inmutable como cualquier otro aspecto de su carácter. Dios no puede cambiar su forma de pensar ni rebajar sus normas morales. Ya que Él es totalmente perfecto, cualquier cambio disminuiría absolutamente su perfección, y eso sería impensable. Por tanto, su justicia es inflexible; su naturaleza santa exige que así sea.

Como Creador, Dios tiene derecho de gobernar sobre todas sus criaturas del modo en que desee. Sin ninguna duda, el Alfarero tiene poder sobre el barro para formarlo como quiera. Él hace las leyes, determina las normas y juzga en consecuencia.

Dios creó todo para su propio placer; y tiene todo el derecho de hacerlo. También tiene el poder total para determinar los principios por los cuales debe funcionar su creación. En resumen, Él tiene el derecho absoluto de hacer todo lo que decida hacer. Y puesto que es justo, Dios gobierna en justicia perfecta, aferrándose siempre a la más enaltecida norma de verdad y virtud perfecta.

Si alguna criatura se irrita por el reinado de Dios o se rebela contra el gobierno divino, esa criatura cae de inmediato bajo el juicio de Dios. Todo aquel que no se ajusta a la voluntad de Dios sufre la justicia inflexible de Dios.

Es decir, la justicia de Dios es *perfecta* porque Él mismo es absolutamente puro, totalmente recto, consumadamente justo; Él mismo es perfecto. No puede ser injusto. Por eso precisamente su justicia es inflexible.

He aquí la descripción de Dios con la cual Nahúm presenta su profecía: "Jehová es Dios celoso y vengador; Jehová es vengador y lleno de indignación; se venga de sus adversarios, y guarda enojo para sus enemigos. Jehová es tardo para la ira y grande en poder, y no tendrá por inocente al culpable" (Nah. 1:2-3). Esas son declaraciones poderosas que nos dan una mirada inconfundible del carácter de Dios.

Notemos que el pasaje dice que Dios es "celoso". De niño tuve problemas la primera vez que oí eso, porque imaginé los celos como una característica negativa. Pero esto habla de celos justos exclusivos en Dios. Él no tolera la incredulidad, la rebelión, la deslealtad o la infidelidad. Le molestan las ofensas e indignidades de la gente que adora cualquier cosa o persona además de Él. Dios exige que se le dé el lugar que le corresponde por sobre todo lo que amamos o adoramos.

Por tanto, alguien podría decir que "Dios es egocéntrico".

Pero es obvio; solo Dios tiene *derecho* de ser egocéntrico. En contraste con todas sus criaturas, Él tiene derecho a exigir adoración y ser celoso de su propia gloria. Él es Dios, y no existe alguien más como Él (Is. 46:9). Él y solo Él tiene autoridad absoluta para juzgar a quienes se rebelan contra sus leyes, se niegan a darle gloria, ridiculizan su autoridad, o dudan de su Palabra. Y Él guarda celosamente su nombre contra todos los que disminuyen su gloria. "Yo Jehová; este es mi nombre; y a otro no daré mi gloria, ni mi alabanza a esculturas" (Is. 42:8). *"Por mí, por amor de mí mismo lo haré, para que no sea amancillado mi nombre, y mi honra no la daré a otro"* (48:11). Lo que parecería un orgullo inaceptable en cualquier ser inferior es la expresión necesaria de un Dios santo que se niega a mancillar su santidad. Los celos de Dios son, por tanto, celos justificados.

Esta verdad se enseña en el primero de los Diez Mandamientos: "Yo soy Jehová tu Dios, que te saqué de la tierra de Egipto, de casa de servidumbre. No tendrás dioses ajenos delante de mí" (Éx. 20:2-3).

El segundo mandamiento prohíbe la idolatría y describe explícitamente a Dios como celoso:

> No te harás imagen, ni ninguna semejanza de lo que esté arriba en el cielo, ni abajo en la tierra, ni en las aguas debajo de la tierra. No te inclinarás a ellas, ni las honrarás; porque yo soy Jehová tu Dios, fuerte, celoso, que visito la maldad de los padres sobre los hijos hasta la tercera y cuarta generación de los que me aborrecen (vv. 4-5).

El tercer mandamiento continúa con el mismo tema, advirtiendo a quienes se burlan incluso del nombre de Dios: "No tomarás el nombre de Jehová tu Dios en vano; porque no dará por inocente Jehová al que tomare su nombre en vano" (v. 7). En Ezequiel 39:25, Dios repite: "Me mostraré celoso por mi santo nombre".

Los santos celos de Dios son tan descriptivos de quién es Él que incluso toma para sí el nombre "Celoso" como propio.

"No te has de inclinar a ningún otro dios, pues Jehová, *cuyo nombre es Celoso*, Dios celoso es" (Éx. 34:14). Y en Deuteronomio 4:24 leemos: "Jehová tu Dios es fuego consumidor, Dios celoso".

El mensaje es claro: Dios es celoso de su gloria, y mancillar su honor en cualquier modo (al adorar un dios falso, al desobedecer al Dios verdadero, o simplemente al no amarlo de todo corazón, alma, mente y fuerzas) es incitar el celo de Dios e incurrir en su ira santa. El solo hecho de ser Dios lo hace perfectamente justo para ser celoso de su gloria y estar enojado con quienes lo denigran o difaman en alguna manera.

Ezequiel 38:18 es una descripción gráfica de los celos justificados de Dios: "Esto es lo que afirma el Señor DIOS. En ese momento, es decir, cuando Gog venga a la tierra de Israel, mis celos por Israel y mi ira me harán ponerme furioso" (PDT). Allí, en un antropopatismo clásico, la Biblia representa a Dios tan iracundo que su ira se le sube al rostro, como alguien que se pone rojo de la furia. La profecía de Ezequiel continúa:

> Porque he hablado en mi celo, y en el fuego de mi ira: Que en aquel tiempo habrá gran temblor sobre la tierra de Israel; que los peces del mar, las aves del cielo, las bestias del campo y toda serpiente que se arrastra sobre la tierra, y todos los hombres que están sobre la faz de la tierra, temblarán ante mi presencia; y se desmoronarán los montes, y los vallados caerán, y todo muro caerá a tierra. Y en todos mis montes llamaré contra él la espada, dice Jehová el Señor; la espada de cada cual será contra su hermano. Y yo litigaré contra él con pestilencia y con sangre; y haré llover sobre él, sobre sus tropas y sobre los muchos pueblos que están con él, impetuosa lluvia, y piedras de granizo, fuego y azufre. Y seré engrandecido y santificado, y seré conocido ante los ojos de muchas naciones; y sabrán que yo soy Jehová (vv. 19-23).

Dios no tolera ningún rival; no permite rebeldes. Él es un Dios celoso. Y cuando el Señor Jesucristo regrese en gloria, la ira de Dios se mostrará. Judas 14-15 nos advierte: "He aquí, vino el Señor con sus santas decenas de millares, para hacer juicio contra todos, y dejar convictos a todos los impíos de todas sus obras impías que han hecho impíamente, y de todas las cosas duras que los pecadores impíos han hablado contra él".

¿Por qué entonces toda esta atención a los celos de Dios en un libro que presenta su amor? Simplemente porque el celo de Dios es una expresión de su amor. El celo es posible solo en una relación de amor.

Dios es celoso porque ama. Es celoso cuando aquellos que son el objeto de su misericordia son atraídos al pecado y la maldad para adorar a otros dioses. Él es celoso cuando lo desafían y ponen su amor en objetos menores quienes deberían amarlo. Pero los celos supremos de Dios son contra aquellos que desprecian a su amado Hijo. La Biblia enseña: "El que no amare al Señor Jesucristo, sea anatema" (1 Co. 16:22). Los que rechazan el amor al Señor Jesucristo permanecen bajo la maldición de Dios, porque Él es celoso por su propio Hijo. Por tanto, el amor de Dios, en particular el amor del Padre por el Hijo, está íntimamente ligado a su celo santo. En realidad su amor se vería disminuido si Él renunciara a su ira celosa.

Veamos otra vez la profecía de Nahúm contra Nínive. Aquí vemos que la ira de Dios —moderada por su gran paciencia y misericordia durante tantos años— inevitablemente debe dar paso a su furia vengadora contra el pecado. Notemos el énfasis puesto en la venganza divina justo en el segundo versículo de la profecía de Nahúm: "Jehová es Dios celoso y *vengador*; Jehová es *vengador* y lleno de indignación; se *venga* de sus adversarios, y *guarda enojo para sus enemigos*" (Nah. 1:2).

La repetición de este concepto solemne le da a la profecía un tono temeroso y serio, y por tanto adecuado. Estas no son amenazas vanas. Dios está a punto de vengar su nombre contra una ciudad perversa que una vez fue receptora de la paciencia y compasión divina. Ahora Nínive no encontrará misericordia. El concepto de venganza, como el de los celos, a menudo conlleva menos que connotaciones nobles. Jesús nos prohibió que tengamos espíritus vengativos (Mt. 5:38-44). Una vez más, Dios —precisamente porque Él es Dios— tiene todo el derecho de desatar su venganza contra los malvados. Es más, Él es justo cuando se venga. En Deuteronomio 32:35 declara: "Mía es la venganza y la retribución". Dios tiene el derecho exclusivo de juzgar a los malvados, ejecutar venganza y derramar su ira contra el pecado. Tales son prerrogativas de Dios y solo de Él.

De hecho, no *debemos* buscar nuestra propia venganza porque el juicio y la condenación son derechos divinos. Pablo escribió a los Romanos: "No os venguéis vosotros mismos, amados míos, sino dejad lugar a la ira de Dios; porque escrito está: Mía es la venganza, yo pagaré, dice el Señor" (Ro. 12:19).

Nadie que profana la gloria y el honor de Dios, que menosprecia a su Hijo y que ataca a quienes Él ama, escapa a la ira divina. Nahúm 1:3 advierte simplemente: "Jehová... no tendrá por inocente al culpable".

"Jehová es... irascible" (v. 2, NVI). "Irascible" se traduce de dos palabras hebreas (*ba'al chemah*) que literalmente significan que el Señor es "amo de su ira". Habla de una furia controlada; una vez más, no se trata de una emoción transitoria ni de una pasión, sino de una disposición fija. "Dios está airado contra el impío todos los días" (Sal. 7:11). Su ira es constante e inquebrantable, pero es una furia ardiente contra todos los que se le rebelan.

"La ira de Dios se revela desde el cielo contra toda impiedad e injusticia de los hombres" (Ro. 1:18). La justicia de Dios es inflexible, severa y siempre constante. Él enfrentará a todos los que se rebelan. Se vengará de todos sus adversarios, "y guarda enojo para sus enemigos" (Nah. 1:2) porque es completamente justo que Él proceda así. "Jehová... no tendrá por inocente al culpable" (v. 3). A menudo los pecadores presumen de la misericordia y la bondad de Dios. Él es lento para enojarse (v. 3), paciente, compasivo, amable y misericordioso. Pero ningún pecador debe dar por sentada la bondad de Dios. Nadie debe confundir la paciencia divina con debilidad. Nadie debe suponer que la bondad de Dios significa permiso para seguir en pecado e incredulidad. Nadie debe pensar que el amor de Dios es un antídoto para la ira divina. Su bondad no se otorga como consuelo para los pecadores, sino precisamente por la razón opuesta: "¿O menosprecias las riquezas de su benignidad, paciencia y longanimidad, ignorando que *su benignidad te guía al arrepentimiento?*" (Ro. 2:4).

Sin embargo, muchos malinterpretan la bondad de Dios como apatía hacia el pecado y barrera para el juicio. Segunda de Pedro 3:4 describe este error llevado al extremo por libertinos que en los últimos días se burlarán de la amenaza de la retribución "diciendo: ¿Dónde está la promesa de su advenimiento? Porque desde el día en que los padres durmieron, todas las cosas permanecen así como desde el principio de la creación".

Nadie debe pasar por alto lo importante de la paciencia de Dios. Aunque amoroso, Él no tiene ningún plan para hacer caso omiso de las transgresiones de los malvados. "Sabe el Señor... reservar a los injustos para ser castigados en el día del juicio" (2 P. 2:9). Él no es negligente con relación a sus promesas; solo paciente (3:9).

De igual manera, cuando Nahúm escribe: "Jehová es tardo para la ira" (1:3), está advirtiendo a sus lectores que no deben confundir la paciencia de Dios con impotencia. Veamos otra vez las palabras de Nahúm: "Jehová es tardo para la ira *y grande en poder*". Los que creen estar a salvo del juicio porque Dios aún no ha derramado su ira, deberían reconsiderar el asunto. La bondad de Dios no es debilidad; y su paciencia no es indiferencia. El Señor afirma: "Mía es la venganza y la retribución;

a su tiempo su pie resbalará, porque el día de su aflicción está cercano, y lo que les está preparado se apresura" (Dt. 32:35). "Jehová... no tendrá por inocente al culpable" (Nah. 1:3). La afirmación de Nahúm de que Dios es "grande en poder" presenta el segundo de los tres aspectos del juicio divino que el profeta resalta.

ES UN DIOS DE PODER IRRESISTIBLE

Toda la profecía de Nahúm es una manifestación verbal de la majestad divina y un cántico de alabanza al poder de Dios. "Jehová marcha en la tempestad y el torbellino, y las nubes son el polvo de sus pies" (v. 3). Cualquiera que esté familiarizado con el poder de un ciclón entiende la esencia de esto. Nahúm está describiendo el poder majestuoso de la furia de Dios, y utiliza tres aspectos de la naturaleza para resaltar lo que dice: el poder de Dios en los cielos, el poder de Dios en las aguas y el poder de Dios en la tierra.

En el Salmo 19:1, David escribió: "Los cielos cuentan la gloria de Dios, y el firmamento anuncia la obra de sus manos". La gloria que Nahúm ve en los cielos es el poder vengador de Dios, quien controla los torbellinos, las tormentas y las nubes (v. 3). Esas maravillas naturales no son solamente manifestaciones de poder divino, sino que a menudo se emplean como instrumentos de su juicio. Por ejemplo, con frecuencia se presenta a las nubes en la Biblia como símbolos de juicio divino. Cuando Cristo regrese en juicio, vendrá con las nubes y en medio de gran juicio, según Marcos 13:26 y Apocalipsis 1:7.

En la profecía de Nahúm no solamente los cielos sino también las aguas representan la venganza de Dios. "[El Señor] amenaza al mar" (Nah. 1:4). Desde luego, eso nos recuerda el dramático relato de Marcos 4:39, cuando Jesús "reprendió al viento, y dijo al mar: Calla, enmudece. Y cesó el viento, y se hizo grande bonanza". ¿Cuál fue la reacción de los discípulos? "Temieron con gran temor, y se decían el uno al otro: ¿Quién es éste, que aun el viento y el mar le obedecen?" (v. 41). Ellos vieron el asombroso poder de Dios en Cristo, y temblaron ante tal poder. Sabían que se trataba del poder de un Juez santo, omnipotente y vengador. Tal vez en sus mentes incluso resonó este versículo en Nahúm, y recordaron la profecía de la venganza divina.

Cuando Nahúm escribió: "El Señor reprende al mar, y el mar y todos los ríos se secan. Basán y el Carmelo fueron destruidos, y destruido también lo mejor del Líbano", estaba prediciendo la destrucción de los enemigos de Israel. Basán, Carmelo y Líbano eran las fronteras de Israel. Por supuesto, esta profecía se refería en particular a Nínive, una ciudad que estaba mucho más allá de las fronteras de Israel, pero que albergaba un ejército que amenazaba esas mismas fronteras.

Nahúm habló entonces del poder de Dios sobre la tierra: "Los montes tiemblan delante de él, y los collados se derriten; la tierra se conmueve a su presencia, y el mundo, y todos los que en él habitan" (Nah. 1:5). Un día —según Apocalipsis 6:12; 11:13; y 16:18-20—, Dios sacudirá la tierra con un terremoto del que el mundo como conocemos nunca se recuperará. Hageo 2:6-7 contiene esta profecía: "Así dice Jehová de los ejércitos: De aquí a poco yo haré temblar los cielos y la tierra, el mar y la tierra seca; y haré temblar a todas las naciones, y vendrá el Deseado de todas las naciones; y llenaré de gloria esta casa, ha dicho Jehová de los ejércitos".

Dios controla la tierra. Puede sacudirla cuando quiera. Los montes tiemblan ante su presencia (Is. 64:3). Los montes se derriten como cera delante de Él (Sal. 97:5). Cuando el Señor determina que la tierra tiemble, esta tiembla (Jue. 5:5; Ez. 38:20). Su poder es irresistible.

En Nahúm 1:6, el profeta pregunta: "¿Quién permanecerá delante de su ira? ¿Y quién quedará en pie en el ardor de su enojo?". La respuesta es que *nadie* puede estar de pie frente a Dios. Esta es una descripción del juicio divino: "Su ira se derrama como fuego, y por él se hienden las peñas".

La ira divina finalmente causó la destrucción de Nínive, y todas las profecías de Nahúm se cumplieron de manera dramática. La justicia de Dios es absolutamente inflexible. Su poder es totalmente irresistible. Nuestro Dios es fuego consumidor. No sorprende que el escritor de Hebreos advirtiera:

Mirad que no desechéis al que habla. Porque si no escaparon aquellos que desecharon al que los amonestaba en la tierra, mucho menos nosotros, si desecháremos al que amonesta desde los cielos. La voz del cual conmovió entonces la tierra, pero ahora ha prometido, diciendo: Aún una vez, y conmoveré no solamente la tierra, sino también el cielo. Y esta frase: Aún una vez, indica la remoción de las cosas movibles, como cosas hechas, para que queden las inconmovibles... porque nuestro Dios es fuego consumidor (He. 12:25-29).

ES UN DIOS DE MISERICORDIA INFINITA

Sin embargo, en el versículo 7, Nahúm presenta un breve interludio a su profecía de condena contra los enemigos de Dios. Le recuerda al pueblo de Israel: "Jehová es bueno, fortaleza en el día de la angustia; y conoce a los que en él confían". La palabra hebrea traducida "confían" conlleva la idea de entregarse, refugiarse y buscar protección. Habla de fe. Aquellos que "confían" en el Señor son los que *creen y ponen su confianza* en Él. Es más, la RVA-2015 traduce así el versículo: "¡Bueno es el Señor! Es una fortaleza en el día de la angustia y conoce a los que *en él se refugian*".

El Señor —el Juez mismo— es un baluarte para los que buscan refugio en Él por fe. En resumen, esas palabras contienen el evangelio entero de justificación por fe. El mismo Dios que amenaza juicio contra los malvados, con amor y compasión invita a las almas pecadoras desesperadas a que encuentren refugio en

Él. Solo Dios puede ser el refugio, la fortaleza y la protección contra el juicio divino para quienes ponen su confianza en Él. ¿Cómo protege a los que confían en Él? Los cubre con su propia justicia, la cual les pertenece por fe (Fil. 3:9). Por eso es que el Antiguo Testamento llama al Señor "justicia nuestra" (Jer. 23:6).

El Antiguo Testamento revela repetidamente a Dios como un refugio para el Israel que cree. El Salmo 61 lo llama refugio y torre fuerte que cubre a su pueblo como un ave cubre a sus polluelos con sus alas (vv. 3-4). En el Salmo 140:7, el salmista se refiere al Señor como "potente salvador mío, [que] pusiste a cubierto mi cabeza en el día de batalla". Él es la roca, la fortaleza, el libertador (2 S. 22:2). Todas esas imágenes tienen implicaciones importantes para la doctrina de la justificación por la fe. Este tema en el Antiguo Testamento alcanza su máxima expresión en Isaías 53:11, donde el profeta revela que el Mesías, el Siervo Justo de Dios "justificará... a muchos, y llevará las iniquidades de ellos".

La plenitud de la doctrina de justificación se expone finalmente en el Nuevo Testamento, donde el apóstol Pablo la explica con más detalle en sus epístolas. Allí aprendemos que la misma justicia de Dios en Cristo se imputa a los creyentes, tan solo por fe y no debido a alguna obra realizada por estos (Ro. 4:4-6). Cristo mismo ya ha cumplido los requerimientos justos de la ley a favor de los creyentes, y murió en su lugar para pagar el terrible precio del pecado. De ahí que todos los creyentes en Cristo estén tanto libres de su culpa como revestidos con la justicia perfecta de Cristo. Esa es la única manera en que los pecadores culpables pueden encontrar paz con Dios (Ro. 5:1). Esta doctrina de la justificación por fe es el mismo núcleo y alma del cristianismo auténtico. Ninguna rama de la fe que niegue esta doctrina merece ser llamada cristianismo.

La definición clásica de justificación por fe es esta: "La justificación es un acto judicial de Dios en el cual Él declara, sobre la base de la justicia de Jesucristo, que todas las demandas de la ley están satisfechas con respecto al pecador".[1] En otras palabras, Dios *declara* justo al creyente pecador debido a Cristo, no debido a alguna justicia real por parte del pecador mismo. Algunos podrían sugerir que Nahúm 1:3 descarta por completo tal clase de justificación: "[El Señor] no tendrá por inocente al culpable". La *Traducción en lenguaje actual* es más fuete: "[El Señor] siempre castiga a quien lo merece". Un pasaje paralelo resalta el mismo punto, con Dios mismo declarando: "Yo no justificaré al impío" (Éx. 23:7). "Yo no absuelvo al malvado" (NVI). Si Dios no justificara a los pecadores, todos pareceríamos estar en un estado de desesperanza.

Pero aquí es precisamente donde brilla la luz gloriosa de la revelación del Nuevo Testamento, mostrando la verdadera profundidad del amor de Dios. Él no absuelve simplemente a pecadores. No les pasa por alto su pecado. En la persona de Jesucristo hizo una expiación definitiva de los pecados de estos. Ahora los cubre con su propia justicia perfecta, imputándosela a ellos por medio de la fe (Ro. 4:11). De ahí que todos los creyentes auténticos estén completamente justificados delante de un Dios justo. No se trata de una esperanza futura sino de una realidad presente. No es un proceso prolongado sino un acto divino inmediato que ocurre en el primer momento de fe. La ira santa de Dios se apacigua y su amor se cumple perfectamente en la salvación forjada por Cristo. En consecuencia, Él mismo es la verdadera fortaleza a la cual los pecadores pueden escapar de los terribles juicios de Dios.

Vemos otra vez que el amor de Dios y su ira están estrechamente vinculados. Es imposible estudiar uno sin encontrar la otra. Por eso es que Nahúm sitúa su panegírico a la bondad y la misericordia de Dios en medio de un pasaje acerca de la ira

---

1. Louis Berkhof, *Systematic Theology* (Grand Rapids: Eerdmans, 1941), p. 513. Publicado en español por Libros Desafío con el título *Teología sistemática*.

divina. Este versículo no es una divagación de su tema; es el núcleo de su mensaje.

Esta yuxtaposición de la ira y la bondad de Dios es francamente difícil de creer para mucha gente. Como observamos en el capítulo 1, la teología liberal niega de modo rotundo que un Dios de ira pueda ser también amoroso. Los que sostienen el punto de vista liberal definen inevitablemente a Dios según las especificaciones de ellos. Imaginan a Dios como alguien benigno pero impotente: incapaz de hacer cumplir sus normas de justicia o de impedir que sucedan perversidades. En otras palabras, niegan que Dios sea verdaderamente soberano.

Otros niegan la bondad esencial de Dios. Ven el efecto del mal en el mundo —pobreza, enfermedad, miseria humana, desastres naturales y otros desórdenes— y llegan a la conclusión de que Dios es cruel o carente de amor, o incluso niegan que Él exista. No pueden imaginar que un ser soberano que sea realmente bueno tolere tanta maldad.

Sin embargo, Nahúm conocía a Dios no solo como soberano sino como bueno. No hay contradicción. El Señor *es* bueno; cuarenta y una veces en el Antiguo Testamento se nos dice que la misericordia divina dura por siempre. Siete veces encontramos la frase: "Dios es bueno". Solo Él es bueno (Mt. 19:17). Su bondad está personificada en Cristo, el Buen Pastor (Jn. 10:11, 14). Su bondad universal se revela en todas sus obras: "Bueno es Jehová para con todos, y sus misericordias sobre todas sus obras" (Sal. 145:9). Salmos 33:5 declara: "De la misericordia de Jehová está llena la tierra". Toda la creación habla de la bondad esencial de Dios.

Consideremos esta simple idea: ¡El Señor pudo haber hecho todo de color café! Pasto café, flores cafés, cielo café, mar café. Pero no lo hizo. Tenemos mucho para disfrutar en la variedad y la belleza de su creación, lo cual ilustra su bondad esencial. Dios es bueno. Su bondad se ve en todas sus obras. No dejemos escapar la profundidad de esa verdad.

Nadie aprecia la bondad de Dios como los que buscan refugio en Él. Estos son los que lo conocen y aman. Son aquellos en quienes Él ha puesto su amor eterno. Ellos han corrido hacia Él como su fortaleza y hallaron misericordia. Experimentan por tanto la bondad divina como nadie más. Aprecian el amor de Dios como nadie más.

El Señor "conoce a los que en él confían" (Nah. 1:7). ¿Significa eso que las únicas personas que Dios conoce son las que confían en Él? Ciertamente no. Recordemos que la palabra "conocer" y sus afines se usan a menudo en la Biblia como sinónimos de amor. "Conoció Caín a su mujer" (Gn. 4:17). La expresión habla de la clase más íntima de amor, en este caso la unión sexual entre un hombre y su esposa. Cuando las Escrituras dicen que Dios "conoce" a quienes confían en Él, significa que los ama con el afecto más profundo, más tierno y más personal. La palabra describe la intimidad del amor divino, que no tiene paralelo con ningún tipo de amor terrenal.

Cuando Jesús manifestó: "Mis ovejas oyen mi voz, y yo las conozco" (Jn. 10:27), no quiso decir que sabe quiénes son sino que tiene una relación íntima con ellas. De igual modo, cuando Jesús dijo: "Nunca os conocí; apartaos de mí, hacedores de maldad" (Mt. 7:23), no se refirió a que no sabía quiénes eran esas personas, sino a que nunca había tenido la intimidad de una relación de amor con ellos.

Dios ama íntimamente a quienes confían en Él. El conocimiento de ese amor es el mayor de todos los deleites que el corazón humano puede experimentar.

Uno de mis pasajes favoritos en toda la Biblia se encuentra en Miqueas 7:18-19:

> ¿Qué Dios como tú, que perdona la maldad, y olvida el pecado del remanente de su heredad? No retuvo para siempre su enojo, porque se deleita en misericordia. El volverá a tener misericordia de nosotros; sepultará nuestras

iniquidades, y echará en lo profundo del mar todos nuestros pecados. Eso describe la misericordia infinita de Dios manifestada en la salvación de su pueblo. Si usted no ha conocido personalmente ese amor pero su corazón está conmovido por lo maravilloso que es, le insto a volverse a Cristo en fe y confiar en Él.

Es un Dios de rectitud inconcebible

Es tentador permanecer en Nahúm 1:7 y enfocarnos en la bondad de Dios. Pero debemos notar que solo es un versículo interludio en un capítulo que ensalza la justicia de Dios al juzgar a los malvados. Según hemos notado, el libro de Nahúm es una profecía de destrucción sobre una ciudad malvada. A pesar de que los ninivitas de la época de Jonás encontraron en Dios un refugio del juicio, sus descendientes cargarían con todo el peso de la ira divina. Nahúm 1:7 es un testimonio claro de que Dios sigue siendo bueno con los que confían en Él, pero los ninivitas de la época de Nahúm, en última instancia, proporcionarían una lección objetiva de una clase distinta: "¿Qué pensáis contra Jehová? El hará consumación; no tomará venganza dos veces de sus enemigos" (1:9).

El juicio de Dios no niega su bondad esencial. Su bondad tampoco altera la severidad del juicio. Dios es misericordioso. Pero cuando finalmente debe actuar en juicio, lo consuma por completo. Los pecadores endurecidos deben tomar nota de esto y temblar.

El mensaje de Nahúm en los versículos 10-14 predice la derrota de los asirios. El justo desprecio de Dios por las malas obras de los asirios es evidente en su pronunciamiento contra ellos:

Aunque sean como espinos entretejidos, y estén empapados en su embriaguez, serán consumidos como hojarasca completamente seca. De ti salió el que imaginó mal contra

Jehová, un consejero perverso. Así ha dicho Jehová: Aunque reposo tengan, y sean tantos, aun así serán talados, y él pasará. Bastante te he afligido; no te afligiré ya más. Porque ahora quebraré su yugo de sobre ti, y romperé tus coyundas. Mas acerca de ti mandará Jehová, que no quede ni memoria de tu nombre; de la casa de tu dios destruiré escultura y estatua de fundición; allí pondré tu sepulcro, porque fuiste vil.

Como un campo de espinos entretejidos, ellos solo eran aptos para arder. Como borrachos, estaban desprotegidos. Y como hojarasca, no podían resistir las llamas devoradoras de la ira divina. La frase "el que imaginó mal contra Jehová, un consejero perverso", parece referirse a Senaquerib. El Señor profetizó la destrucción total contra la nación entera y sus dioses idolátricos.

La profecía se cumplió al pie de la letra. Leemos en 2 Reyes 19:35-37 que una "noche salió el ángel de Jehová, y mató en el campamento de los asirios a ciento ochenta y cinco mil; y cuando se levantaron por la mañana, he aquí que todo era cuerpos de muertos. Entonces Senaquerib rey de Asiria se fue, y volvió a Nínive, donde se quedó. Y aconteció que mientras él adoraba en el templo de Nisroc su dios, Adramelec y Sarezer sus hijos lo hirieron a espada, y huyeron a tierra de Ararat. Y reinó en su lugar Esar-hadón su hijo".

Pero ese solo fue el inicio del juicio de los asirios, y de Nínive en particular.

Comenzando en el capítulo 2, Nahúm profetiza la destrucción de Nínive. El espacio y las limitaciones de nuestro tema no permiten el examen detallado de su profecía, pero notemos que se cumplió exactamente como se relata. Después de una serie de ataques enemigos y desastres naturales, Nínive fue apabullada por los ejércitos de los medas, y la ciudad fue totalmente arrasada. Cuando Nínive cayó, el imperio asirio se derrumbó junto con ella.

Dos veces en la profecía de Nahúm, el Señor dice a Nínive: "Heme aquí contra ti" (2:13; 3:5). Acerca de esto, mi finado mentor, el doctor Charles L. Feinberg, escribió:

Pablo indica (Ro. 8:31) que si Dios está por nosotros, nadie puede oponérsenos con éxito. Lo contrario también es cierto: si Dios está en contra de un individuo o una nación por virtud de pecado, entonces nadie puede estar con éxito a favor de esa persona o nación. Cuando Asiria tocó a Israel, Dios declaró: "Heme aquí contra ti". Esto es inevitable si Dios va a ser fiel a la promesa que le hizo a Abraham. Solemnemente prometió que en tales casos maldeciría a los que hubieran maldecido la simiente de Abraham. La verdad del dictamen de Dios está escrita en el destino de Nínive.[2]

Y así vemos nuevamente que la ira de Dios es prueba de su amor. Su juicio está vinculado a su fidelidad. Y Él es justo cuando juzga.

Nínive quedó eliminada como ciudad. Hasta el día de hoy su lugar está en ruinas, dando un testimonio mudo de la severidad de la ira de Dios contra el pecado. Pero también es un recordatorio del amor incalculable de Dios por su pueblo. La destrucción de Nínive liberó a Israel de siglos de sufrimiento a manos de merodeadores asirios. Este fue el mensaje de Dios para una nación rebelde de que aún la amaba.

Dios había castigado severamente a Israel por los pecados de la nación. Pero el propósito divino al afligir a Israel fue solo correctivo. Así les aseguró a través de Nahúm: "[Los asirios] serán talados, y él pasará. Bastante te he afligido; no te afligiré ya más" (1:12).

Hay una diferencia enorme e importante entre el juicio de

2. Charles Lee Feinberg, *The Minor Prophets* (Chicago: Moody, 1977), p. 197. Publicado en español por Editorial Vida con el título *Los profetas menores*.

Dios y su disciplina. El juicio es severo, definitivo y destructivo. La disciplina es amorosa, tierna y correctiva. "El Señor al que ama, disciplina, y azota a todo el que recibe por hijo" (He. 12:6). Su disciplina tiene un propósito amoroso: "Para que participemos de su santidad. Es verdad que ninguna disciplina al presente parece ser causa de gozo, sino de tristeza; pero después da fruto apacible de justicia a los que en ella han sido ejercitados" (vv. 12:10-11).

Sin embargo, el juicio de Dios contra los malvados tiene un carácter totalmente distinto. Para el incrédulo displicente, "nuestro Dios es fuego consumidor" (v. 29). "Su calamidad vendrá de repente; súbitamente será quebrantado, y no habrá remedio" (Pr. 6:15).

Nadie debería ser inducido al descuido a causa del conocimiento de que Dios es amoroso y compasivo. El amor de Dios es incalculable, insondable e inagotable. Es perfectamente correcto afirmar que el amor de Dios es infinito. Pero eso no significa que su amor niegue su justicia o anule su ira santa.

El Señor es bueno, y su misericordia perdura para siempre (Jer. 33:11). Los innumerables redimidos a lo largo de la eternidad darán testimonio de eso. "No abandonará Jehová a su pueblo, ni desamparará su heredad" (Sal. 94:14). "Sino que el juicio será vuelto a la justicia, y en pos de ella irán todos los rectos de corazón" (v. 15). Aquellos que no son rectos de corazón, los que desprecian el amor de Dios y van tras sus propios caminos, en última instancia padecerán el mismo destino de Nínive. Esa ciudad en que el amor de Dios se derramó una vez en gran abundancia, finalmente pereció en la furia de la ira divina.

> Mira, pues, la bondad y la severidad de Dios; la severidad ciertamente para con los que cayeron, pero la bondad para contigo, si permaneces en esa bondad; pues de otra manera tú también serás cortado (Ro. 11:22).

5

¿Aprendí en la clase de párvulos todo lo que debo saber acerca del amor de Dios?

Cristo me ama, bien lo sé,
su Palabra dice así.

DESDE LA INFANCIA casi todos hemos oído que Dios nos ama. La Biblia nos dice que el amor está en el mismo corazón de quién es Dios: "*Dios es amor*" (1 Jn. 4:8, 16) y Él es "el Dios de paz y de amor" (2 Co. 13:11). Esas verdades son tan maravillosas que siempre están entre lo primero que enseñamos a nuestros hijos respecto a Dios. Y así es como debe ser.

Sin embargo, no creamos que el amor de Dios solo sea un lema infantil, ni que hayamos dominado el tema al absorber lo que nos enseñaron de niños. Sin duda este asunto *no* es un juego de niños. Como ya hemos visto, el amor de Dios plantea algunas preguntas muy complejas y a veces inquietantes. Estas preguntas deben ser pensadas con mucho cuidado y deben responderse bíblicamente.

Prometí en el mismo principio de este libro que volveríamos a tratar algunas de las preguntas difíciles que el amor de Dios nos trae a la mente. Incluso después de todo lo que hemos aprendido sobre el tema en los capítulos anteriores, aún debemos admitir que estas preguntas están entre los dilemas más difíciles que cualquier pastor o teólogo enfrentará alguna vez: Si Dios es amor, ¿por qué es el mundo un escenario tan macabro de tragedia? Si Dios es tan amoroso, ¿por qué permite que su propia gente sufra? Si "de tal manera amó Dios al mundo", ¿por qué entonces permite todo el sufrimiento, la tortura, el dolor, la tristeza, la aflicción y la muerte? Si Dios es amoroso y omnipotente, ¿por qué el mundo es un desastre? ¿Por qué un Dios amoroso permitiría que guerras, hambres y desastres causen tanta angustia humana?

Si Dios es el Padre amoroso de la humanidad, ¿por qué no actúa como un padre humano que ama a sus hijos? ¿Por qué permite que sus criaturas tomen decisiones que resultan en su destrucción, cuando Él podría evitar o anular tales consecuencias? Si Dios es un Dios amoroso, ¿por qué en primera instancia permitió el pecado y luego la muerte?

Hay más preguntas, y se vuelven aún más difíciles. Si Dios es amor, ¿por qué no se salva todo el mundo? ¿Por qué solo *algunos* afirman ser "elegidos" y escogidos por Dios para vida eterna (cp. Mt. 22:14; 2 Ti. 2:10)? ¿Por qué un Dios amoroso enviaría gente al infierno a sufrir eternamente? ¿Por qué un Dios amoroso idearía un plan que tiene a tanta gente yendo al infierno por toda la eternidad?

¿Qué clase de amor es ese que puede controlar el mundo pero permite que el mundo sufra del modo en que lo hace? ¿Qué tipo de amor es soberano y sin embargo envía personas pobres y sufrientes a una llama eterna? ¿Cómo debemos entender esa clase de amor?

RESPUESTAS ERRÓNEAS A PREGUNTAS DIFÍCILES SOBRE EL AMOR DE DIOS

Tales preguntas son razonables y deben enfrentarse con honestidad. No es necesario fingir que esas dificultades son fáciles de responder, o simplemente hacerles caso omiso y esperar que desaparezcan. Cualquiera que piense a profundidad en Dios se encontrará, en última instancia, cara a cara con estas mismas preguntas y otra similares. Son preguntas inquietantes, molestas y hasta desconcertantes. Las respuestas auténticamente satisfactorias a esas preguntas son imprecisas. No tiene sentido pretender que tales preguntas no deban plantear problemas para el cristiano.

Es más, la historia revela que aquellos que resuelven fácilmente estas preguntas a menudo hacen naufragar la fe. En general, citan la Biblia de manera selectiva y hacen caso omiso a la mitad de alguna verdad bíblica importante, y al mismo tiempo exageran demasiado la otra mitad. Así que tienden a irse a los extremos. La lista de víctimas de quienes han encallado en estas preguntas es suficiente para hacer que el cristiano entendido comprenda que estas son aguas peligrosas donde navegar.

Por ejemplo, el *universalismo* enseña que al final todos serán salvos. Los universalistas creen que ya que Dios es amor, no puede condenar eternamente a nadie. En definitiva, creen ellos, que el infierno ni siquiera existe. Algunos enseñan que el diablo y sus ángeles caídos serán redimidos. Como veremos pronto, la Biblia contradice tal punto de vista (Ap. 20:10).

Otro intento de resolver el dilema planteado por el amor de Dios es una teoría conocida como *aniquilacionismo*. Bajo esta idea, Dios lleva a los creyentes al cielo y elimina a los demás. Estos últimos no experimentan ningún castigo o sufrimiento consciente; son juzgados cuando sus existencias terminan. Por tanto, según este punto de vista, no existe tal lugar como un infierno eterno. Muchas sectas y denominaciones apóstatas han adoptado esta doctrina.

Una doctrina estrechamente relacionada con el aniquilacionismo es una teoría conocida como *inmortalidad condicional*. Este punto de vista sugiere que el alma humana es transitoria hasta que se le otorga inmortalidad. Ya que la vida eterna solo se les da a a los creyentes, todos los demás simplemente pasan al olvido después del juicio final. Este punto de vista está ganando popularidad en estos días, pero también contradice la Biblia (Mt. 25:46; Ap. 14:11).

Estos puntos de vista podrían servir hasta cierto punto para aliviar emociones humanas, pero no hacen justicia a lo que la Biblia enseña. Por tanto, constituyen errores y son sumamente peligrosos porque dan a la gente una falsa sensación de seguridad. Jesús mismo describió el infierno en términos gráficos. En realidad, Él habló del infierno más que cualquier otra persona en las Escrituras. Lo describió como un lugar "donde el gusano de ellos no muere, y el fuego nunca se apaga" (Mr. 9:48). Llamó al infierno "tinieblas de afuera; allí será el lloro y el crujir de dientes" (Mt. 8:12; 25:30). Jesús advirtió a los no creyentes acerca del juicio venidero: "Allí será el llanto y el crujir de dientes, cuando veáis a Abraham, a Isaac, a Jacob y a todos los profetas en el reino de Dios, y vosotros estéis excluidos" (Lc. 13:28). Describió el infierno como "fuego que nunca se apagará" (Mt. 3:12) y "horno de fuego" (Mt. 13:42). Y advirtió a quienes lo oyeron predicar: "Si tu mano te fuere ocasión de caer, córtala; mejor te es entrar en la vida manco, que teniendo dos manos ir al infierno, al fuego que no puede ser apagado" (Mr. 9:43).

Además, Apocalipsis 14:11 describe los tormentos del infierno como un incesante y eterno "humo de su tormento [que] sube por los siglos de los siglos. Y no tienen reposo de día ni de noche". Apocalipsis 20:10 establece: "Serán atormentados día y noche por los siglos de los siglos". Mateo 25:46 afirma que "irán éstos [los incrédulos] al castigo eterno, y los justos a la vida eterna". Ese versículo emplea la misma palabra griega para "eterno" *(aiónios,* que significa "perpetuo, eterno, para siempre") a fin de describir la felicidad del cielo y los castigos del infierno.

Aceptar cualquiera de estas teorías, por lo general, también tiene el efecto de hacer a las personas indiferentes a la evangelización. Empiezan a sentirse cómodas de que todos serán salvos o sacados de la miseria, por lo que la evangelización pierde su urgencia y el evangelio parece menos convincente. Es fácil relajarse y pensar menos en asuntos eternos. Y ese es precisamente el efecto que estas teorías han tenido en iglesias y grupos confesionales que las han adoptado. A medida que las iglesias se vuelven liberales, los "cristianos" influidos por ellas se enfrían hacia lo espiritual. Muchas veces niegan por completo la fe. La historia del universalismo proporciona abundante evidencia de esto. Ya que la doctrina es, en esencia, una negación de la Biblia, representa un camino seguro a la apostasía seria.

Pero también se puede errar en la otra dirección. Como ya observé, hay algunos cristianos que reflexionan en las preguntas difíciles sobre el amor divino y concluyen que Dios simplemente no ama a quienes no le pertenecen a Él; señalan que los odia. Bajo este método, no hay tensión entre el amor de Dios y su ira. No hay razón para preguntarse cómo Dios puede amar a gente que, en última instancia, condena, porque simplemente se concluye que odia a todos los que condena. Según ellos, los no elegidos son personas a quienes Dios nunca amó en ningún sentido. Quienes sostienen esta opinión se apresuran a recordar que Dios está enojado con los malvados (Sal. 7:11), que amó a Jacob pero odió a Esaú (Ro. 9:13), y que odia a quienes practican lo malo (Pr. 6:16-19). Llegan a la conclusión de que tal odio y amor verdadero son mutuamente exclusivos. Por tanto, según este punto de vista, el amor de Dios se limita solo a los elegidos.

Esa postura tampoco se ajusta a la Biblia. Restringe el amor de Dios a un remanente y lo representa odiando a la gran mayoría de la humanidad. En términos de números absolutos, sugiere que el odio de Dios por la humanidad sobrepasa su amor. Tal idea no es coherente con el Dios de la Biblia, quien es "misericordioso y piadoso; tardo para la ira, y grande en misericordia y verdad" (Éx. 34:6). Y no parece concordar con Aquel a quien las Escrituras describen como un "Dios que perdonas, clemente y piadoso, tardo para la ira, y grande en misericordia" (Neh. 9:17). Además, no parece coherente con la verdad en Salmos 145:8-9: "Clemente y misericordioso es Jehová, lento para la ira, y grande en misericordia. *Bueno es Jehová para con todos, y sus misericordias sobre todas sus obras*".

¿Y qué hay con "de tal manera amó Dios al mundo" (Jn. 3:16)? Comprendo que existen algunos buenos comentaristas que han tratado de limitar el significado de la palabra "mundo" en este versículo solo a los elegidos. Sin embargo, según observé en el capítulo 1, ese criterio parece ir en contra de todo el sentido del pasaje. Juan Calvino vio correctamente este versículo como una afirmación de que "el Padre ama a la especie humana".[1] Es más, todo el propósito del versículo 17 es asegurar que el advenimiento de Cristo fue una misión de "búsqueda y rescate", no una cruzada para juicio: "Porque no envió Dios a su Hijo al mundo para condenar al mundo, sino para que el mundo sea salvo por él" (v. 17). El punto es que el objetivo principal de Dios al enviar a Cristo nació del amor, no de un diseño para condenar. El propósito de Cristo al venir fue salvar, no destruir.

Inevitablemente, quienes quieren limitar el significado de "mundo" en el versículo 16 sugerirán que "mundo" en el versículo 17 no puede incluir a cada individuo en el planeta, a menos que este pasaje esté enseñando una forma de universalismo. El versículo afirma que Cristo vino para que el *mundo* pudiera salvarse por medio de Él. Es obvio que no todo individuo en el mundo es salvo. Por tanto, sugieren que "mundo" en ambos versículos debe limitarse solo a los elegidos y que el versículo solo puede querer decir: "De tal manera amó Dios a *los elegidos*".

Pero "mundo" en este contexto parece hablar claramente de la humanidad en general. Si tratamos de hacer que el término signifique "todo individuo" o "solamente los elegidos", el pasaje

---

1. Juan Calvino, *Commentary on a Harmony of the Evangelists, Matthew, Mark, and Luke*, trad. William Pringle (Grand Rapids: Baker, 1979, reimpresión), p. 123.

sencillamente no tiene sentido. La palabra "mundo" aquí es sinónimo de la especie humana. La humanidad en general es el objeto del amor divino. Y el versículo 17 simplemente significa que Cristo vino a redimir a esta humanidad caída, no a todo individuo sino a la humanidad como especie. Tito 3:4 también habla del amor de Dios en estos mismos términos: "Se manifestó la bondad de Dios nuestro Salvador, y *su amor para con los hombres"*. Toda la extensión de estos textos parece estar diciendo que, en un sentido amplio, el amor de Dios está puesto en toda la especie humana, no solo en el remanente de individuos elegidos.

En realidad, a fin de dar buen sentido a este pasaje debemos interpretar la expresión "mundo" en los versículos 16 y 17 tan ampliamente como comprendemos la misma palabra en el versículo 19: "Esta es la condenación: que la luz vino al mundo, y los hombres amaron más las tinieblas que la luz, porque sus obras eran malas". Está claro que la palabra "mundo" tiene un aspecto universal y colectivo que abarca más que solo a los elegidos. El amor de Dios es para el mundo en general, la especie humana, toda la humanidad.

¿Cómo entonces debemos entender Romanos 9:13: "A Jacob amé, mas a Esaú aborrecí"? ¿Aborreció realmente Dios a Esaú? Sí. El Señor aborreció la maldad que Esaú representaba. Odió la incredulidad, el pecado y la mundanalidad de Esaú. Y en un sentido muy real, Dios aborreció a Esaú mismo. Esta no fue una clase de odio mezquino, rencoroso e infantil, sino algo mucho más terrible. Fue antipatía divina: un odio sagrado dirigido personalmente a Esaú. Dios lo abominó a él y a lo que representaba.

Esaú, por su parte, odiaba las cosas de Dios. Despreció su primogenitura y la vendió por un plato de guiso de lentejas (Gn. 25:34). Solo trajo dolor a sus padres (26:35). Conspiró para matar a su propio hermano (27:41). Se casó con mujeres paganas porque sabía que esto desagradaba a su padre (28:8-9). Llevó una vida descuidada y mundana de indiferencia total e irrespeto por el Dios de sus antepasados. Sin duda, Dios aborreció todo eso, así como al mismo Esaú.

Vale la pena señalar que el pasaje que Pablo cita en Romanos 9 es Malaquías 1:2-3. Dios estaba hablando de dos naciones, Israel y Edom, llamándolas simplemente por los nombres de sus respectivos antepasados. Las palabras "a Esaú aborrecí" (Mal. 1:3) tienen un significado que va más allá del mismo Esaú y abarca a toda la nación malvada de Edom. El odio que esto describe no es un aborrecimiento mezquino y rencoroso, sino una aversión santa de las personas que eran total y absolutamente libertinas.

Pero el odio de Dios por Esaú y la nación de Edom no prueba que no tuviera amor, compasión ni caridad alguna para con Esaú o sus descendientes. De hecho, sabemos por las Escrituras que Dios fue amable con esta nación despreciable. Cuando los israelitas salieron de Egipto en su camino a Canaán, pasaron por la tierra de Edom. Dios instruyó con firmeza a Moisés: "No os metáis con ellos, porque no os daré de su tierra ni aun lo que cubre la planta de un pie; porque yo he dado por heredad a Esaú el monte de Seir" (Dt. 2:5).

Este odio santo combinado con misericordia no sugiere incoherencia o equivocación de parte de Dios. Tanto el amor como la ira son reflejos de su naturaleza; Él es amoroso, pero santo. Él es compasivo, pero le indigna el mal. Según observé antes, el odio y el amor no son necesariamente exclusivos. Incluso en el rango de las emociones humanas, tales sentimientos son bastante comunes. La mayoría de personas sabe muy bien qué es odiar y amar el mismo objeto al mismo tiempo. Por ejemplo, podríamos tener tanto compasión sincera como profunda repulsión hacia un vagabundo asqueroso que lleva una vida de disipación.

Además, como cualquier padre sabe, la ira y el amor no se excluyen entre sí. Sabemos que Dios a menudo está enojado con quienes son objeto de su amor eterno. Después de todo, antes de la salvación hasta los elegidos son enemigos de Dios (Ro. 5:10), "hijos de ira, lo mismo que los demás" (Ef. 2:3). A la inversa, Dios ama de manera auténtica y sincera a quienes son objeto de su ira eterna.

Simplemente no podemos resolver las preguntas difíciles en cuanto al amor divino concluyendo que Dios en realidad retiene su misericordia, compasión, clemencia y buena voluntad de todos menos de los elegidos.

Por eso debemos rechazar el universalismo, el aniquilacionismo y la inmortalidad condicional. Pero también debemos rechazar la idea de que el odio de Dios por los malvados excluye cualquier amor por ellos. ¿Cómo entonces respondemos las preguntas difíciles acerca del amor divino?

Con frecuencia se sugiere otra solución. Me refiero a quienes hacen preguntas difíciles, cuando les decimos cosas como: "Cierra la boca. No tienes derecho a preguntar eso". Quienes toman este enfoque señalan Romanos 9:20-21, donde el apóstol Pablo contestó a escépticos en cuanto a la soberanía de Dios diciéndoles: "Mas antes, oh hombre, ¿quién eres tú, para que alterques con Dios? ¿Dirá el vaso de barro al que lo formó: ¿Por qué me has hecho así? ¿O no tiene potestad el alfarero sobre el barro, para hacer de la misma masa un vaso para honra y otro para deshonra?".

¿Quiénes somos para cuestionar a Dios? Eso es lo que Pablo pregunta. Dios es Dios. Él hará todo lo que quiera porque es completamente soberano. Él es el Alfarero y quien decide cómo será la vasija. Y la vasija no tiene derecho de objetar.

Es obvio que todo eso es muy cierto. Dios es Dios. No podemos comprender sus caminos. Muchas de las preguntas que hacemos tienen respuestas que no podemos comprender. Ciertamente no tenemos derecho de cuestionar los motivos de Dios. No tenemos derecho de someterlo a nuestro interrogatorio, como si Él tuviera que rendirnos cuentas. Y a veces las preguntas que planteamos ni siquiera merecen ser contestadas.

Al final, nos quedaremos con muchas preguntas sin respuesta. Eso nos lleva a Romanos 9:20 y al inevitable lugar en que simplemente debemos cerrar la boca y maravillarnos. Antes de llegar a ese punto, hay muchas cosas que *debemos* comprender. Romanos 9:20 es una respuesta adecuada a un escéptico. Es apropiado para la persona que no estará satisfecha con saber lo que Dios mismo ha revelado. Pero para quien busca la verdad con deseos de entender a Dios y su amor, hay mucho en la Biblia para ayudarle a encarar las preguntas difíciles antes que se detenga en Romanos 9:20.

Eso no quiere decir que podamos hallar todas las respuestas a nuestras preguntas difíciles. No podemos conseguirlo. Tomemos, por ejemplo, la pregunta muy difícil de por qué un Dios amoroso no redime a todo el mundo. *Si Dios es amor, ¿por qué envía a algunas personas a un infierno eterno?* ¿Por qué no redime a todos?

Simplemente no lo sabemos. La Biblia no lo dice. Dios mismo no nos revela las respuestas a esas preguntas. Cualquiera que pretenda saber más de lo que Dios nos ha dicho es insensato.

Finalmente llegamos al lugar donde debemos dejar nuestras preguntas a Dios y confiar en su rectitud esencial, su misericordia, su tierna compasión y su justicia. Aprendemos a vivir con las preguntas *sin respuesta* a la luz de lo que *sabemos* que es cierto respecto a Dios. En ese punto, Romanos 9:20 se vuelve una respuesta satisfactoria, porque sabemos que podemos confiar en el Alfarero. Mientras tanto, a medida que investigamos la Palabra de Dios con corazón receptivo, la propia revelación de Dios nos da un entendimiento estupendo, maravilloso, rico y comprensible de su amor.

PREGUNTAS ERRÓNEAS BASADAS EN UNA PERSPECTIVA EQUIVOCADA DE DIOS

Al lidiar con las preguntas difíciles acerca del amor de Dios es crucial tener en cuenta la tendencia humana de ver las cosas desde la perspectiva errónea. No podemos comprender a un Dios infinito con nuestras mentes finitas. Si tratamos de medir a Dios desde una perspectiva humana, todos nuestros pensamientos respecto a Él estarán desequilibrados. Y pecamos contra Dios cuando pensamos cosas de Él que son impropias de su gloria. Dios mismo reprende a quienes lo subestiman pensando en Él en términos humanos: "Estas cosas hiciste, y yo he callado; pensabas que de cierto sería yo como tú; pero te reprenderé, y las pondré delante de tus ojos" (Sal. 50:21).

Recordemos cómo termina el libro de Job. Después de todo el sufrimiento de Job y del consejo de sus amigos que en realidad añadió a los padecimientos de este hombre, Dios reprendió no solo a los consejeros de Job, sino también al mismo Job por tener pensamientos respecto a Dios que no eran suficientemente elevados. Tanto Job como sus consejeros estaban tratando de explicar a Dios en términos humanos. Intentaban dar sentido a lo que Job atravesaba, pero el hecho de no ver a Dios por encima de sus criaturas les había sesgado la vista en cuanto a lo que estaba sucediendo. Los consejeros estaban dando las respuestas equivocadas y Job estaba haciendo preguntas equivocadas. Dios le hizo algunas preguntas propias a Job:

¿Quién es ése que oscurece el consejo con palabras sin sabiduría? Ahora ciñe como varón tus lomos; yo te preguntaré, y tú me contestarás. ¿Dónde estabas tú cuando yo fundaba la tierra? Házmelo saber, si tienes inteligencia. ¿Quién ordenó sus medidas, si lo sabes? ¿O quién extendió sobre ella cordel? ¿Sobre qué están fundadas sus bases? ¿O quién puso su piedra angular, cuando alababan todas las estrellas del alba, y se regocijaban todos los hijos de Dios? ¿Quién encerró con puertas el mar, cuando se derramaba saliéndose de su seno, cuando puse yo nubes por vestidura suya, y por su faja oscuridad, y establecí sobre él mi decreto, le puse puertas y cerrojo, y dije: Hasta aquí llegarás, y no pasarás adelante, y ahí parará el orgullo de tus olas? ¿Has mandado tú a la mañana en tus días? ¿Has mostrado al alba su lugar, para que ocupe los fines de la tierra, y para que sean sacudidos de ella los impíos? (Job 38:2-13).

¡Me encanta esta porción de la Biblia! Dios está contando sus propias obras creativas y preguntándole a Job si es suficientemente sabio para decirle a Dios cómo se deben hacer estas cosas. A partir de este momento, durante tres o cuatro capítulos, Dios enumera las maravillas de su creación y reta a Job a decirle si él sabe mejor que Dios cómo debería funcionar el universo. En lugar de tratar de reivindicarse ante los ojos de Job, Dios simplemente apeló a su propia soberanía. "¿Es sabiduría contender con el Omnipotente? El que disputa con Dios, responda a esto" (40:2).

Job, suficientemente inteligente para saber cuándo ya había hablado demasiado, tan solo contestó: "He aquí que yo soy vil; ¿qué te responderé? Mi mano pongo sobre mi boca. Una vez hablé, mas no responderé; aun dos veces, mas no volveré a hablar" (vv. 4-5).

Entonces Dios le preguntó a Job: "¿Invalidarás tú también mi juicio? *¿Me condenarás a mí, para justificarte tú?* ¿Tienes tú un brazo como el de Dios? ¿Y truenas con voz como la suya?" (Job 40:8-9). Las preguntas de Job, válidas como pudieron haberle parecido a alguien que hubiera padecido todo lo que Job había sufrido, en realidad lanzaban calumnias sobre el carácter de Dios. Job estaba pasándose de la raya si creía que podía justificarse a expensas de Dios.

Según el propio testimonio de Dios, Job era un hombre intachable y recto. No había nadie como Job en la faz de la tierra (Job 1:8). Sin embargo, este hombre padeció más de lo que cualquier otra persona había sufrido alguna vez. Job no era merecedor de tal sufrimiento como cualquier otra persona lo hubiera sido. ¿Por qué entonces estaba llevando la peor parte de tanta catástrofe? ¿Dónde estaba el amor de Dios y su sentido de justicia y juego limpio? Era inevitable que Job luchara con algunas de esas preguntas difíciles, igual que hace la gente hoy día. Pero el momento en que sus preguntas reflejaron dudas acerca de Dios —su sabiduría, su amor, su bondad y la equidad de su justicia—, Job y sus amigos se pasaron de la raya. Estaban evaluando a Dios según normas humanas. Olvidaban que Él es el Alfarero y nosotros solamente el barro. Por lo que Dios los reprendió.

Al instante Job vio su pecado: "Yo hablaba lo que no entendía; cosas demasiado maravillosas para mí, que yo no comprendía" (42:3).

Al cavilar sobre el amor y la ira de Dios debemos tener en cuenta que en muchas formas estos aspectos tocan un conocimiento "demasiado maravilloso" para nosotros. "¡Es tan elevado que no [podemos] entenderlo!" (Sal. 139:6). "¿Quién entendió la mente del Señor? ¿O quién fue su consejero?" (Ro. 11:34). "¿Quién enseñó al Espíritu de Jehová, o le aconsejó enseñándole? ¿A quién pidió consejo para ser avisado? ¿Quién le enseñó el camino del juicio, o le enseñó ciencia, o le mostró la senda de la prudencia?" (Is. 40:13-14). Y: "¿Quién conoció la mente del Señor? ¿Quién le instruirá?" (1 Co. 2:16). Estas son la misma clase de preguntas con que Dios confrontó a Job.

Por tanto, al reflexionar sobre nuestras propias preguntas difíciles acerca del amor de Dios, debemos tener mucho mayor cuidado de que los interrogantes mismos no nos lleven a pensamientos inadecuados e inapropiados acerca de Dios, o a desarrollar actitudes pecaminosas hacia su amor y sabiduría.

Deducciones erróneas de un defectuoso punto de vista de la providencia divina

No cometamos el mismo error que cometieron los consejeros de Job, creyendo que podemos observar el funcionamiento de la providencia y así discernir la mente de Dios. Los amigos de Job creyeron que los padecimientos que este sufría demostraban que era culpable de algún pecado secreto. En realidad, lo opuesto era la verdad. Ya que en muchos pasajes bíblicos está claro que no podemos conocer la mente de Dios, no debemos tratar de interpretar demasiado en relación a sus obras de providencia. Con eso quiero decir que no podemos suponer que conocemos el significado o el propósito de cada fortuna o desastre que ocurre. A menudo los injustos parecen prosperar y experimentar la bondad de Dios: "Prosperan las tiendas de los ladrones, y los que provocan a Dios viven seguros, en cuyas manos él ha puesto cuanto tienen" (Job 12:6). "Vi yo al impío sumamente enaltecido, y que se extendía como laurel verde" (Sal. 37:35). "He aquí estos impíos, sin ser turbados del mundo, alcanzaron riquezas" (Sal. 73:12). Por eso lo que a menudo parece una bendición divina no es prueba del favor de Dios. Ni por un instante pensemos que la prosperidad es prueba de aprobación divina. Los que piensan en estos términos son propensos a descarriarse.

Por otra parte, con frecuencia los justos sufren: "Todos los que quieren vivir piadosamente en Cristo Jesús padecerán persecución" (2 Ti. 3:12). "A vosotros os es concedido a causa de Cristo, no sólo que creáis en él, sino también que padezcáis por él" (Fil. 1:29). Pero Dios utiliza tales sufrimientos para lograr mucho bien: "A los que aman a Dios, todas las cosas les ayudan a bien" (Ro. 8:28).

En otras palabras, lo mismo que parece bueno terminará siendo malo para los impenitentes e incrédulos. Pero para los propios hijos de Dios hasta los problemas y la disciplina son encaminados para bien (Gn. 50:20). Por tanto, el mayor desastre desde nuestra perspectiva en realidad podría ser una muestra de la misericordia de Dios.

El área en donde vivo es activa con terremotos. A lo largo de los años hemos experimentado temblores con regularidad. Nunca siento el temblor de tierra sin tampoco pensar en el poder infinito de nuestro Dios. A las 4:31 de la mañana, el 17 de enero de 1994, me despertó de repente el temblor más severo que jamás haya sentido. Ese terremoto, que duró menos de noventa segundos, arrasó varios pasos elevados de la autopista muy cerca de mi casa. Un edificio de consultorios médicos de gran altura en el vecindario cayó tres metros cuando el segundo piso colapsó. Un enorme centro comercial quedó prácticamente destruido. Cientos de edificios de apartamentos y casas fueron demolidos. Tristemente, varias personas dormidas en un edificio murieron aplastadas cuando la planta baja se derrumbó bajo el peso de los dos pisos superiores. Desde una perspectiva económica, este fue el desastre natural más costoso en la historia de nuestra nación.

Todo el mundo parece ver la mano de Dios en un suceso como ese. En medio de la crisis de nuestra ciudad de repente escuchamos a presentadores de noticias y funcionarios cívicos que analizaban abiertamente el asombroso poder de Dios y especulaban sobre si el terremoto (y una oleada de otros desastres cívicos y naturales que habían ocurrido en años recientes en el sur de California) podría contener algún mensaje del Todopoderoso.

Alguien observó que el epicentro del terremoto estaba en un área conocida como un importante centro de producción de pornografía. Lamentablemente, muchos cristianos declaraban con confianza que el terremoto era el juicio de Dios sobre la comunidad. Aseguraban que era prueba de que finalmente Dios estaba harto de los pecados del sur de California. Este era un tema de conversación tan importante que una de las principales cadenas envió a su mejor presentador de noticias a entrevistarme a fin de obtener una historia sobre el terremoto como un juicio de Dios. Una de las primeras preguntas que el presentador me hizo fue si yo creía que el terremoto era un juicio divino.

Mi respuesta lo sorprendió. Afirmé que yo creía que Dios había mostrado más misericordia que juicio en el terremoto. Después de todo, ocurrió en una hora en que la mayoría de personas estaban en casa durmiendo, un lunes que era feriado oficial. Menos personas estaban en las carreteras que en cualquier otro momento durante la semana. Los medios nacionales de comunicación habían mostrado escenas de vehículos atrapados en islas de una carretera donde partes de un puente había colapsado al frente y detrás de ellos. Es increíble que ninguno de los vehículos hubiera caído al suelo que estaba debajo. Autopistas colapsaron, estructuras de estacionamientos se derrumbaron y elevados edificios de oficinas se derrumbaron. Mucha gente que conozco escapó por poco de la muerte o de lesiones graves. Sin embargo, de los millones de personas que viven en el área del terremoto, ¡menos de sesenta murieron! En realidad, lo más notable de la catástrofe fue el bajo número de muertos.

Entonces, al reflexionar en lo que la mayor parte del mundo vio como una catástrofe, y que la mayoría de cristianos supuso que fue un juicio severo, indudablemente resultó ser una muestra de la misericordia divina. Sin duda se trató de una advertencia de un mayor juicio venidero. Pero igual que la mayoría de incidentes que consideramos tragedias, es indudable que el terremoto tuvo una mezcla tanto de la bondad *como* de la severidad de Dios. En mi opinión, las bendiciones superaron con creces a la calamidad.

No obstante, está claro que no podemos conocer la mente de Dios. De ahí que existan muchos inconvenientes que debemos evitar tanto al preguntar como al contestar las preguntas difíciles acerca del amor de Dios. El tema *no* es un juego de niños. Con esto en mente, podemos profundizar en lo que Dios mismo revela en su Palabra, y seguramente descubriremos que se trata de un estudio muy fructífero.

DOS ASPECTOS DEL AMOR DE DIOS

En los capítulos que siguen examinaremos con mayor profundidad el amor de Dios. Intentaremos mantener una perspectiva equilibrada del amor universal de Dios por todos los hombres y las mujeres, y de su amor particular —un amor salvador— por sus escogidos: los elegidos. A medida que entrelazamos muchos hilos de pensamiento, tratemos por favor de no llegar a conclusiones preliminares. Una vez que tengamos una idea completa de todo lo que la Biblia tiene que decir respecto al amor de Dios, todas las diferentes facetas de la verdad conformarán un vivo entramado. Algunos aspectos quizás no parezcan tener sentido a menos que demos un paso hacia atrás y veamos la obra concluida. Pero cuando vemos el panorama general, es algo impresionante.

Estos dos aspectos del amor de Dios —su amor universal por toda la humanidad y su amor particular por los elegidos— no deben confundirse. Afirmar que Dios ama a los elegidos con un amor salvador no significa sugerir que Él no tenga ningún tipo de amor por el resto de la humanidad. Y reconocer que Dios ama verdaderamente incluso a quienes no salva no es imputar a Dios alguna clase de debilidad. Finalmente, ninguno de sus propósitos resulta frustrado, y cada aspecto de su amor declara su gloria a la perfección.

6

El amor de Dios por la humanidad

TAL VEZ USTED HA OBSERVADO que alguien aparece en casi todo evento deportivo estadounidense, en el centro de la vista de la cámara de televisión, con un cartel que por lo general dice: "Juan 3:16". En la Serie Mundial, el cartel normalmente puede divisarse justo detrás de la base del bateador. En el Súper Tazón, alguien sosteniendo el cartel inevitablemente está sentado entre los dos postes. Y en la final de la NBA, el omnipresente estandarte "Juan 3:16" puede verse en alguna parte en los asientos de primera fila. Es un misterio cómo estas personas siempre se las arreglan para conseguir asientos principales. Pero alguien siempre está allí, usando a menudo una peluca multicolor para llamar la atención.

Hace unos años, uno de estos hombres que se había hecho famoso sosteniendo en alto estos letreros "Juan 3:16" se atrincheró en un hotel de Los Ángeles y mantuvo a raya a la policía hasta que se le permitió hacer una declaración por televisión. Fue una imagen surrealista: he aquí alguien que sentía que su misión en la vida era proclamar Juan 3:16, y que agitaba una pistola y amenazaba a la policía mientras lanzaba declaraciones bíblicas. Su carrera de asistir a importantes eventos deportivos terminó abruptamente cuando la policía lo puso bajo custodia sin más incidentes.

Mientras yo veía por televisión el sórdido episodio, me avergonzaba que alguien a quien el público identificaba como cristiano degradara el mensaje del evangelio. Se me ocurrió que yo estaba viendo a alguien cuyo método de "evangelizar" nunca había sido nada más que una búsqueda de publicidad. Parecía que esta hazaña no era más que un intento a gran escala de ponerse una vez más ante las cámaras. Tristemente, el hombre trajo un horrible reproche sobre el mismo mensaje que estaba tratando de publicitar.

Además, mientras observaba ese episodio, me di cuenta de que Juan 3:16 puede ser el versículo más conocido de toda la Biblia, pero sin duda es uno de los más abusados y menos comprendidos. "De tal manera amó Dios al mundo" —exhibido como un estandarte en un partido de fútbol estadounidense— se ha convertido en la aclamación favorita de muchas personas que presumen sobre el amor de Dios y que a cambio no lo aman. El versículo se cita a menudo como evidencia de que Dios ama a todos exactamente por igual y que Él es infinitamente misericordioso, como si el versículo negara todas las advertencias bíblicas de condenación para los malvados.

Ese no es el punto de Juan 3:16. Solo tenemos que leer el versículo 18 para ver el equilibrio de la verdad: "El que en él cree, no es condenado; pero el que no cree, ya ha sido condenado, porque no ha creído en el nombre del unigénito Hijo de Dios". Sin duda esta es una verdad que debe proclamarse al mundo al menos de modo tan urgente como la verdad de Juan 3:16.

¿Ama Dios a *todo* el mundo?

Sin embargo, aunque reconozco que algunas personas son propensas a abusar de la noción del amor de Dios, no podemos responder minimizando lo que las Escrituras dicen acerca del alcance del amor de Dios. Juan 3:16 es un versículo rico y crucial. En el capítulo 1 observé que algunos cristianos niegan realmente que Dios ame de veras a todo el mundo. Me referí al famoso intento de Arthur Pink de argumentar que "mundo" en Juan 3:16 se refiere *"al mundo de creyentes"* y no *"al mundo de los impíos*".[1] Señalé que esta noción parece haber ganado popularidad en los últimos años. Tal vez valga la pena volver a este tema para mirar más de cerca. Como dije, cada vez encuentro más y más cristianos que quieren argumentar que la única interpretación correcta de Juan 3:16 es la que en realidad limita el amor de Dios a los elegidos y elimina cualquier noción de amor divino por la humanidad en general. Hace poco, un amigo mío me entregó siete u ocho artículos que han circulado en años recientes por la Internet. Todos fueron escritos y publicados en varios foros informáticos de cristianos, y niegan que Dios ame a todos los seres humanos. Francamente sorprende lo generalizada que esta idea se ha vuelto entre los evangélicos. He aquí algunos extractos de estos artículos:

- La idea popular de que Dios ama a todos simplemente no se encuentra en la Biblia.

- Dios ama a muchos, y salvará a aquellos a quienes ama. ¿Y al resto? No son amados en absoluto.

- *La sola lógica pura* dictamina que Dios salvará a quienes ama.

- Si Dios amara a todos, todos serían salvos. Es tan sencillo como eso. Está claro que no todos son salvos. Por tanto, Dios no ama a todos.

- La Biblia nos dice que los malvados son abominación a Dios. Él mismo habla de odiar a Esaú. *¿Cómo puede alguien que cree en toda la Biblia afirmar que Dios ama a todas las personas?*

- Dios ama a sus escogidos, pero su actitud hacia los no elegidos es de odio puro.

---

1. Arthur W. Pink, *The Sovereignty of God* (Grand Rapids: Baker, 1930), p. 314. Publicado en español por El Estandarte de la Verdad con el título *La soberanía de Dios*.

• El concepto de que Dios ama a toda la humanidad es contrario a la Biblia. Dios claramente *no* ama a todos los seres humanos.

• Todos los que no guardan los Diez Mandamientos de Dios pueden tener la seguridad de que Dios no los ama.

• No solo que Dios no ama a todos, hay multitudes de personas a quienes detesta por completo con un odio infinito. Tanto la Biblia como la lógica coherente nos obligan a llegar a esta conclusión.

Sin embargo, ni la Biblia *ni* la lógica sana respaldarán tan atrevidas aseveraciones. Quiero decir lo más claro posible que de ninguna manera me opongo a la lógica. Comprendo que hay quienes menosprecian la lógica como si esta fuera de algún modo contraria a la verdad espiritual. No estoy de acuerdo; es más, abandonar la lógica es volverse irracional, y el cristianismo verdadero no es irracional. La única forma en que podamos entender cualquier asunto espiritual es aplicar una lógica cuidadosa a la verdad que se revela en la Palabra de Dios. A veces las deducciones lógicas son necesarias para que arrojen la verdad completa sobre asuntos que las Escrituras no aclaran por entero. (Por ejemplo, la doctrina de la Trinidad está implícita en la Biblia pero no se declara de manera explícita. Es una verdad que se deduce de la Biblia por consecuencia buena y necesaria, y, por tanto, es tan cierta como si se hubiera expresado de forma explícita e inequívoca).[2] Sin duda, no hay absolutamente nada malo con la lógica sana cimentada en la verdad de la Biblia; de hecho, la lógica es esencial para comprender.

---

2. Esta es la formulación de la Confesión de Fe de Westminster con respecto a la suficiencia de las Escrituras: "El consejo completo de Dios tocante a todas las cosas necesarias para su propia gloria y para la salvación, fe y vida del hombre, o está expresamente expuesto en las Escrituras, o se puede deducir de ellas por buena y necesaria consecuencia y, a esta revelación de su voluntad, nada ha de añadirse, ni por nuevas revelaciones del Espíritu, ni por las tradiciones de los hombres" (1:6).

Pero, por supuesto, debemos ser cautelosos, no sea que la "sola lógica pura" nos lleve a una conclusión que vaya contra la orientación y el sentido de la Biblia. Aplicar lógica a un conjunto incompleto de proposiciones acerca de Dios a menudo ha dado el fruto amargo de la falsa doctrina. Debemos cotejar constantemente nuestras conclusiones lógicas con el mensaje más seguro de la Biblia. En este caso, la idea de que el amor de Dios está reservado solo para los elegidos no sobrevive a la luz de las Escrituras.

Como hemos visto a lo largo de este estudio, la Biblia dice claramente que Dios es amor. "Bueno es Jehová para con todos, y sus misericordias sobre todas sus obras" (Sal. 145:9). Cristo incluso nos ordena amar a nuestros enemigos, y la razón que da es esta: "Para que seáis hijos de vuestro Padre que está en los cielos, que hace salir su sol sobre malos y buenos, y que hace llover sobre justos e injustos" (Mt. 5:45). La implicación clara es que, en algún sentido, Dios ama a sus enemigos. Ama a "buenos y malos", a "justos e injustos" exactamente en el mismo sentido en que se nos ordena amar a nuestros enemigos.

En realidad, el segundo mandamiento más grande, "amarás a tu prójimo como a ti mismo" (Mr. 12:31; cp. Lv. 19:18) es un mandato de que amemos a *todos*. Podemos estar seguros de que el alcance de este mandamiento es universal, porque Lucas 10 relata que un intérprete de la ley, "queriendo justificarse a sí mismo, dijo a Jesús: ¿Quién es mi prójimo?" (Lc. 10:29), y Jesús le respondió con la parábola del buen samaritano. ¿La enseñanza? Que incluso los samaritanos, una raza medio pagana que había corrompido por completo la adoración judía y a los que por lo general los judíos detestaban como enemigos de Dios, eran prójimos a quienes tenían la orden de amar. En otras palabras, el mandato de amar a nuestro "prójimo" se aplica a *todas las personas*. Este amor ordenado aquí es claramente amor universal e indiscriminado.

Consideremos esto: Jesús cumplió perfectamente la ley en

todos los aspectos (Mt. 5:17-18), incluido este mandato del amor universal. Su amor por los demás fue sin duda tan extenso como su propia aplicación del mandamiento en Lucas 10. Por tanto, podemos estar seguros de que Él amó a todos. *Debió* haber amado a *todos* a fin de cumplir la ley. Después de todo, el apóstol Pablo escribió: "Toda la ley en esta sola palabra se cumple: Amarás a tu prójimo como a ti mismo" (Gá. 5:14). Él reitera este tema en Romanos 13:8: "El que ama al prójimo, ha cumplido la ley". Por eso, Jesús debió haber amado a su "prójimo". Y ya que Él mismo definió al "prójimo" en términos universales, sabemos que su amor fue universal mientras estuvo en la tierra.

¿Imaginamos que Jesús como hombre perfecto ame a quienes Jesús como Dios no ama? ¿Nos ordenaría Dios amar en una manera que Él no ama? ¿Exigiría Dios que nuestro amor fuera más extenso que el suyo? Y Cristo, después de amar a toda la humanidad durante su estancia en la tierra, ¿cambiaría después de su ascensión a un odio puro por los no elegidos? Eso sería impensable; "Jesucristo es el mismo ayer, y hoy, y por los siglos" (He. 13:8).

Miremos una vez más el contexto de Juan 3:16. Aquellos que abordan este pasaje decididos a sugerir que *limita* el amor de Dios no lo comprenden en absoluto. No hay lenguaje delimitador en ninguna parte del contexto. No tiene nada que ver con distribución del amor de Dios entre los elegidos y el resto de mundo. Es una declaración acerca del comportamiento de Dios hacia la humanidad en general. Es una declaración de *buenas* nuevas y su objetivo es manifestar que Cristo vino al mundo en una misión de salvación, no de condenación: "No envió Dios a su Hijo al mundo para condenar al mundo, sino para que el mundo sea salvo por él" (v. 17). Dar la vuelta al versículo y convertirlo en una expresión de odio divino contra aquellos en quienes Dios no interviene para salvar es poner patas arriba el pasaje.

John Brown, el teólogo escocés reformado conocido por sus maravillosos estudios sobre los dichos de Cristo, escribió:

El amor en el cual se origina la economía de la salvación es amor *por el mundo*. "De tal manera amó Dios al mundo, que ha dado a su Hijo unigénito". El término "mundo" equivale aquí simplemente a humanidad. Parece ser usado por nuestro Señor con una referencia a los mismos puntos de vista limitados y exclusivos de los judíos...

Algunos han supuesto que la palabra "mundo" aquí es descriptiva, no de la humanidad en general sino de la totalidad de una clase particular, esa porción de humanidad que según el propósito divino de misericordia se convertirá, en última instancia, en partícipe de la salvación de Cristo. Pero esto es dar al término un significado totalmente injustificado por el uso de las Escrituras.[3]

B. B. Warfield toma una posición similar:

Con certeza aquí "el mundo" y "creyentes" no parecen términos muy equivalentes: sin duda parecen algo transmitido por uno que no está completamente abarcado por el otro. ¿Cómo entonces diremos que "el mundo" solo significa "el universo de los creyentes", es decir solo aquellos esparcidos por el planeta que, siendo los elegidos de Dios, creerán en su Hijo y tendrán así vida eterna? Existe obviamente mucha verdad en esta idea: y la principal dificultad que enfrenta sin duda podría evitarse al decir que lo que se enseña es que el amor de Dios por el mundo se muestra por cómo Él salva a tan gran multitud de seres como lo hace. En las manos de Dios el mundo perverso merecía solamente destrucción total. Pero Él salva de este mundo una multitud que nadie

---

3. John Brown, *Discourses and Sayings of Our Lord*, 3 vols. (Edimburgo: Banner of Truth, 1990, reimpresión), 1:34.

puede contar, de toda nación, tribu, pueblo y lengua. ¡Qué gran amor entonces debe tener Dios por el mundo! Esta interpretación, más allá de toda duda, reproduce el significado fundamental del texto.[4]

Warfield continúa con la enseñanza crucial de que nuestra preocupación principal al interpretar la palabra "mundo" en Juan 3:16 no debería estar en limitar la *extensión* del amor de Dios sino en magnificar la rica *maravilla* de este amor:

> La clave del pasaje radica... como se puede ver, en el significado del término "mundo". No se trata aquí de un término de extensión sino de intensidad. Su connotación principal es ética, y el propósito al emplearlo no es sugerir que se necesita mucho amor para abarcar a todo el mundo, sino que el mundo es tan malo que se necesita gran calidad de amor para amarlo de alguna manera, y mucho más para amarlo como Dios lo ha amado cuando dio a su Hijo por el mundo.[5]

Es más, como señalamos en un capítulo anterior, si la palabra "mundo" tiene el mismo significado en todo el contexto inmediato, vemos en el versículo 19 que no puede referirse solo al "mundo de los elegidos": "Esta es la condenación: que la luz vino al mundo, y los hombres amaron más las tinieblas que la luz, porque sus obras eran malas". Acerca de esto, Robert L. Dabney escribió:

> Una buena conexión lógica entre los versículos 17 y 18 muestra que "el mundo" del versículo 17 es inclusivo de "aquel que cree" y "el que no cree" del versículo 18.... Es difícil ver cómo, si [la venida de Cristo al mundo] no es de

---

4. B. B. Warfield, *The Saviour of the World* (Edimburgo: Banner of Truth, 1991, reimpresión), p. 114.

5. *Ibíd.*, pp. 120-21.

ningún modo una verdadera manifestación de benevolencia divina para esa parte del "mundo" que "no cree", el hecho de que decidan menospreciar esta bondad de Dios es la base justa de una condenación más profunda, como se afirma expresamente en el versículo 19.[6]

Entonces, Juan 3:16 exige ser interpretado como que habla del amor de Dios a la humanidad pecadora en general. Aquí vale la pena volver a resumir la interpretación de Calvino. Recordemos que él vio dos puntos principales en Juan 3:16: "Concretamente, que la fe en Cristo trae vida a todos, y que Cristo trajo vida, porque el Padre ama a la especie humana y desea que ninguno se pierda".[7]

Demos ahora una mirada fresca a Juan 3:16 e intentemos absorber su verdadero sentido: "De tal manera amó Dios *al mundo*", aunque este era malvado, y a pesar del hecho de que nada en el mundo era digno de ese amor. Sin embargo, Él amó tanto al mundo de seres humanos "que ha dado a su Hijo unigénito", el sacrificio más valioso que pudo hacer, "para que *todo aquel que en él cree*, no se pierda, mas tenga vida eterna". El resultado final del amor de Dios es, por tanto, el mensaje del evangelio: la oferta gratis de vida y misericordia para cualquiera que cree. En otras palabras, el evangelio, un ofrecimiento indiscriminado de misericordia divina para todos sin excepción, manifiesta amor compasivo y misericordia no fingida de parte de Dios para toda la humanidad.

Y a menos que queramos atribuir injusticia a Dios, debemos afirmar que el ofrecimiento de misericordia en el evangelio es sincero y bien intencionado. Sin duda, sus súplicas porque los malvados se vuelvan de sus malos caminos y vivan, deben

---

6. R. L. Dabney, *Discussions: Evangelical and Theological*, 3 vols. (Edinburgh: Banner of Truth, 1982, reimpresión), 1:312.

7. Juan Calvino, *Commentary on a Harmony of the Evangelists*, Matthew, Mark, and Luke, trad. William Pringle (Grand Rapids: Baker, 1979, reimpresión), p. 123.

reflejar en algún sentido un deseo sincero de parte de Dios. Sin embargo, como veremos, hay algunos que niegan que este sea el caso.

¿Es sincero Dios en su ofrecimiento del evangelio?

¡Desde luego! Aquellos que afirman que el amor de Dios es exclusivamente para los elegidos por lo general reconocerán que, sin embargo, Dios muestra misericordia, compasión y benevolencia para con los injustos e incrédulos. Pero insistirán en que esta aparente benevolencia no tiene nada que ver con el amor o cualquier tipo de afecto sincero. Según ellos, los actos divinos de benevolencia hacia los no elegidos no tienen otro propósito que aumentarles la condenación.

A mí me parece que tal punto de vista atribuye falta de sinceridad a Dios. Sugiere que las súplicas de Dios con los reprobados son artificiales y que sus ofrecimientos de misericordia son simples presunciones.

Dios a menudo hace en la Biblia declaraciones que reflejan un anhelo porque los malvados se arrepientan. El Salmo 81:13 declara: "¡Oh, si me hubiera oído mi pueblo, si en mis caminos hubiera andado Israel!". Y otra vez, en Ezequiel 18:32 manifiesta: "No quiero la muerte del que muere, dice Jehová el Señor; convertíos, pues, y viviréis".

En otra parte, de manera libre e indiscriminada, Dios ofrece misericordia a todos los que llegarán a Cristo: "Venid a mí todos los que estáis trabajados y cargados, y yo os haré descansar. Llevad mi yugo sobre vosotros, y aprended de mí, que soy manso y humilde de corazón; y hallaréis descanso para vuestras almas; porque mi yugo es fácil, y ligera mi carga" (Mt. 11:28-30). "Y el Espíritu y la Esposa dicen: Ven. Y el que oye, diga: Ven. Y el que tiene sed, venga; y el que quiera, tome del agua de la vida gratuitamente" (Ap. 22:17).

Dios mismo expresa: "Mirad a mí, y sed salvos, todos los términos de la tierra, porque yo soy Dios, y no hay más" (Is.

45:22). Y: "A todos los sedientos: Venid a las aguas; y los que no tienen dinero, venid, comprad y comed. Venid, comprad sin dinero y sin precio, vino y leche" (Is. 55:1). "Deje el impío su camino, y el hombre inicuo sus pensamientos, y vuélvase a Jehová, el cual tendrá de él misericordia, y al Dios nuestro, el cual será amplio en perdonar" (v. 7).

Hay quienes niegan rotundamente que tales invitaciones constituyan alguna oferta sincera de misericordia hacia los no elegidos. En lo que a ellos respecta, la misma palabra *ofrecimiento* huele a arminianismo (nombre para la doctrina que hace que la salvación dependa únicamente de una decisión humana). Niegan que Dios "ofrecería" salvación a aquellos que no ha elegido. Niegan que los ruegos de Dios para los reprobados reflejen algún deseo verdadero de parte de Dios por ver a los malvados volverse de sus pecados. Para ellos, sugerir que Dios pudiera tener tal "deseo" no satisfecho es un ataque directo sobre la soberanía divina. Sugieren que Dios es soberano y que realiza cualquier cosa que le plazca. Todo lo que Él desea lo hace.

Seamos completamente sinceros: esto plantea una dificultad. ¿Cómo puede un deseo no satisfecho ser compatible con un Dios totalmente soberano? Por ejemplo, en Isaías 46:10, Dios declara: "Mi consejo permanecerá, y haré todo lo que quiero". Después de todo, Él es totalmente soberano. ¿No es inapropiado sugerir que algunos de sus verdaderos "deseos" permanezcan sin hacerse realidad?

Este tema fue el origen de una controversia intensa entre algunas denominaciones reformadas y presbiterianas hace unos cincuenta años, conocida a veces como la controversia de la "oferta gratuita". Los miembros de un grupo negaban que Dios ame a los no elegidos. También negaban el concepto de la gracia común (la bondad no salvadora para la humanidad en general). Negaban además que la misericordia divina y la vida eterna se ofrezcan de manera indiscriminada a todos los que oyen el evangelio. Afirmaban que la oferta del evangelio no es gratuita, sino que se extiende solo a los elegidos. Esa posición es una forma de hipercalvinismo. La Biblia es clara al proclamar la absoluta y total soberanía de Dios sobre todo lo que sucede. Él declaró el final de todas las cosas incluso antes que el tiempo comenzara, así que cualquier cosa que ocurra está en perfecto acuerdo con el plan divino. Dios hará todo lo que se ha propuesto hacer (Is. 46:10-11; Nm. 23:19). Él no está a merced de las contingencias. No está sujeto a las decisiones de sus criaturas. Dios "hace todas las cosas según el designio de su voluntad" (Ef. 1:11). Nada ocurre sino lo que está de acuerdo con sus propósitos (cp. Hch. 4:28). Nada puede frustrar el diseño de Dios, y nada puede suceder aparte de su decreto soberano (Is. 43:13; Sal. 33:11). Él hace todo lo que le agrada: "Todo lo que Jehová quiere, lo hace, en los cielos y en la tierra, en los mares y en todos los abismos" (Sal. 135:6).

Pero eso no significa que Dios obtenga placer de cada aspecto de lo que ha creado. Él explícitamente declara que no se complace en la muerte de los malvados (Ez. 18:32; 33:11). No se deleita en la maldad (Is. 65:12). Dios detesta todas las expresiones de maldad y orgullo (Pr. 6:16-19). Ya que ninguna de tales cosas puede ocurrir aparte del decreto de un Dios soberano, debemos concluir que hay un sentido en el que sus *decretos* no siempre reflejan sus *deseos*. Sus *propósitos* no necesariamente se logran de acuerdo con sus *preferencias*.

El lenguaje aquí es necesariamente antropopático (asignar a Dios emociones humanas). Hablar de deseos no hechos realidad en la divinidad es emplear términos adecuados solo para la mente humana. Pero tales expresiones comunican alguna verdad acerca de Dios que, de otro modo, no puede expresarse en lenguaje humano. Como observé en el capítulo 3, la propia Palabra de Dios utiliza antropopatismos para transmitir verdad acerca de Él que no puede representársenos de forma adecuada a través de ningún otro medio. Para dar un solo ejemplo, veamos

Génesis 6:6: "Se arrepintió Jehová de haber hecho hombre en la tierra, y le dolió en su corazón". Pero sabemos que Dios no cambia de opinión (1 S. 15:29). Él es inmutable; "en [Dios] no hay mudanza, ni sombra de variación" (Stg. 1:17). Cualquiera que sea entonces el significado de Génesis 6:6, no puede sugerir ninguna variabilidad en Dios. Lo mejor que podemos hacer con tal antropopatismo es tratar de captar la esencia de la idea, para luego rechazar todas las implicaciones que sabemos que nos llevarían a ideas que no son bíblicas acerca de Dios.

Ese mismo principio se aplica cuando estamos lidiando con la pregunta de que Dios expresó deseos de que los malvados se arrepientan. Si el "deseo" de Dios permanece incumplido (y sabemos que así es en algunos casos como Lc. 13:34), no podemos concluir que, de algún modo, Dios es menos que soberano. Sabemos que Él es totalmente soberano; no sabemos por qué no hace que se vuelva hacia sí el corazón de todo pecador. Tampoco debemos especular en este aspecto. Sigue siendo un misterio la respuesta que Dios no ha considerado oportuno revelar. "Las cosas secretas pertenecen a Jehová nuestro Dios; mas las reveladas son para nosotros" (Dt. 29:29). En algún momento debemos decir con el salmista: "Tal conocimiento es demasiado maravilloso para mí; alto es, no lo puedo comprender" (Sal. 139:6).

¿PUEDE AMAR REALMENTE DIOS A QUIEN NO SALVA?

Por supuesto, me doy cuenta de que la mayoría de lectores no tienen ninguna objeción en absoluto a la idea de que el amor de Dios es universal. A la mayoría de nosotros nos criaron con esta noción, al enseñarnos de niños a entonar cánticos como: "Cristo ama a los niños; cuantos en el mundo están". Tal vez muchos ni siquiera se hayan encontrado con alguien que niegue que el amor de Dios sea universal.

Sin embargo, si parezco extenderme en este tema es porque quiero reconocer que plantea una dificultad desconcertante para otros aspectos de la verdad revelada de Dios. Admitamos con sinceridad que a primera vista, el amor universal de Dios es difícil de reconciliar con la doctrina de la elección.

La elección es una doctrina bíblica, afirmada con la mayor claridad de principio a fin en la Biblia. La expresión más enaltecida del amor divino por la humanidad pecadora se ve en el hecho de que Dios puso su amor sobre ciertos pecadores no merecedores y los escogió para salvación antes de la fundación del mundo. Hay un sentido propio en que el amor de Dios por los suyos es un amor único, especial y particular determinado para salvarlos a toda costa. (Profundizaremos más en esta verdad en los capítulos siguientes).

También es cierto que cuando la Biblia habla del amor divino, *por lo general* el enfoque se pone en el amor eterno de Dios hacia los elegidos. El amor de Dios por la humanidad da sus frutos en la elección de aquellos a quienes salva. Y no todos los aspectos del amor divino se extienden a todos los pecadores sin excepción. De otra manera, todos serían elegidos y, en última instancia, todos serían salvos. Pero la Biblia enseña claramente que *muchos no* serán salvos (Mt. 7:22-23). ¿Puede Dios amar sinceramente a aquellos en quienes no interviene para salvar?

Al tratar con esta misma inquietud, el líder británico bautista Erroll Hulse ha escrito:

¿Cómo puede Dios decir que ama a todos los hombres cuando los salmos nos dicen que odia a "los que hacen iniquidad" (Sal. 5:5)? ¿Cómo podemos sostener que Dios ama a todos cuando Pablo dice que Dios trata con gran paciencia a los objetos de su ira que han sido preparados para destrucción (Ro. 9:22)? Más aún, ¿cómo podemos aceptar que Dios ame a todos los hombres sin excepción cuando vemos las acciones de la ira de Dios en la historia? Pensemos en el diluvio que destruyó a todos menos a una familia. Pensemos en Sodoma y Gomorra. Con un capítulo tan específico como Romanos [1] que declara que la sodomía es una señal de reprobación, ¿podríamos tal vez sostener que Dios amó a la población de las dos ciudades destruidas por fuego? ¿Cómo es posible reconciliar el amor de Dios y su ira? ¿Vamos a negar la profundidad de este problema?[8]

Sin embargo, Hulse comprende que si tomamos las Escrituras al pie de la letra, no hay forma de evitar la conclusión de que el amor de Dios se extiende incluso a pecadores a quienes, en última instancia, condenará. Este líder escribe: "La voluntad de Dios se expresa en términos inequívocos. Él no se complace en la destrucción y el castigo de los malvados (Ez. 18:32; 33:11)". Hulse también cita Mateo 23:37, donde Jesús llora por la ciudad de Jerusalén, y luego declara: "No nos queda ninguna duda de que el deseo y la voluntad de Dios es por el mayor bien de la humanidad, es decir la salvación eterna al prestar atención al evangelio de Cristo".[9]

Es crucial que aceptemos el testimonio de la Biblia en este aspecto, porque como Hulse señala,

No estaríamos dispuestos a invitar a Cristo a transgresores obstinados, ni a razonar con ellos o presentarles las propuestas del evangelio, a menos que estuviéramos convencidos de que Dios está favorablemente dispuesto hacia ellos. Solo si estamos auténticamente persuadidos de que hará que se salven es probable que hagamos el esfuerzo. Si Dios no los amara, es muy poco probable que nos ocupemos de amarlos. Especialmente este es el caso cuando hay tanto que es repulsivo en la impiedad y la pecaminosidad de quienes rechazan a Cristo.[10]

---

8. Erroll Hulse, "The Love of God for All Mankind", *Reformation Today* (nov-dic 1983), pp. 18-19.

9. *Ibíd.*, pp. 21-22.

10. *Ibíd.*, p. 18.

Bíblicamente no podemos escapar a la conclusión de que el amor benevolente y misericordioso de Dios es ilimitado en extensión. Él ama a *todo* el mundo de seres humanos. Este amor se extiende a toda persona en todos los tiempos. Es a lo que Tito 3:4 se refiere como "la bondad de Dios nuestro Salvador, y su amor para con los hombres". El amor singular de Dios por los elegidos simplemente no descarta un amor universal de compasión sincera... y un deseo sincero de parte de Dios de ver que cada pecador se vuelva a Cristo.

Marcos 10 relata una historia conocida que ilustra el amor de Dios por los perdidos. Es el relato del joven rico que se acercó a Jesús y le hizo una gran pregunta: "Maestro bueno, ¿qué haré para heredar la vida eterna?". La Biblia nos enseña:

> Jesús le dijo: ¿Por qué me llamas bueno? Ninguno hay bueno, sino sólo uno, Dios. Los mandamientos sabes: No adulteres. No mates. No hurtes. No digas falso testimonio. No defraudes. Honra a tu padre y a tu madre (vv. 18-19).

Cada aspecto de la respuesta de Jesús estaba diseñado para enfrentar el pecado del joven rico. Muchas personas malinterpretan el propósito de la pregunta inicial de Jesús: "¿Por qué me llamas bueno?". Nuestro Señor no estaba negando su propia pureza o deidad. Muchos versículos de la Biblia afirman que Jesús no cometió pecado: "Santo, inocente, sin mancha, apartado de los pecadores, y hecho más sublime que los cielos" (He. 7:26). Por tanto, Él también es Dios encarnado (Jn. 1:1). Pero la respuesta de Jesús a este joven tuvo un propósito doble: en primer lugar, recalcar su propia deidad, confrontar al joven con la realidad de quién era Jesús; y segundo, reprender suavemente a un joven impetuoso que era evidente que *se* consideraba bueno.

A fin de enfatizar este segundo punto, Jesús citó una sección del Decálogo. Si el joven hubiera sido sincero consigo mismo, habría tenido que admitir que no había cumplido la ley a la perfección. Pero en vez de eso respondió lleno de confianza: "Maestro, todo esto lo he guardado desde mi juventud" (v. 20). Esta fue una impertinencia increíble de parte del joven rico que muestra lo poco que entendía las exigencias de la ley. Comparemos esta frívola respuesta con la reacción de Pedro cuando vio a Cristo por quién era. Pedro cayó sobre su rostro y declaró: "Apártate de mí, Señor, porque soy hombre pecador" (Lc. 5:8). La respuesta de este joven rico cayó en el otro extremo del espectro, pues ni siquiera estaba dispuesto a admitir que había pecado.

Entonces Jesús le puso una segunda prueba: "Una cosa te falta: anda, vende todo lo que tienes, y dalo a los pobres, y tendrás tesoro en el cielo; y ven, sígueme" (Mr. 10:21).

Tristemente, el joven se negó. He aquí dos cosas que rechazó hacer: no reconoció su pecado y no se inclinó ante el señorío de Cristo. En otras palabras, se aisló de la vida eterna que parecía buscar tan ansiosamente. Como resultado, después de todo había cosas más importantes para él que la vida eterna. Su orgullo y sus propiedades personales tuvieron prioridad en su corazón sobre las demandas que Cristo le hizo sobre su vida. Y entonces se alejó de la única Fuente verdadera de vida que el joven creía que estaba buscando.

Esa es la última vez que vemos a este hombre en el Nuevo Testamento. En lo que respecta al relato bíblico, el joven rico permaneció en incredulidad. Pero fijémonos en esta frase significativa oculta en Marcos 10:21: "Jesús, mirándole, le amó". Aquí se nos dice explícitamente que Jesús amó a un manifiesto y declarado rechazador de Cristo que no se arrepintió ni se mostró sumiso. Lo amó.

Ese no es el único pasaje que habla del amor de Dios por quienes se alejan de Él. En Isaías 63:7-9, el profeta describe la actitud de Dios hacia la nación de Israel:

De las misericordias de Jehová haré memoria, de las alabanzas de Jehová, conforme a todo lo que Jehová nos ha dado, y
de la grandeza de sus beneficios hacia la casa de Israel, que
les ha hecho según sus misericordias, y según la multitud
de sus piedades. Porque dijo: Ciertamente mi pueblo son,
hijos que no mienten; y fue su Salvador. En toda angustia
de ellos él fue angustiado, y el ángel de su faz los salvó; en
su amor y en su clemencia los redimió, y los trajo, y los
levantó todos los días de la antigüedad.

Alguien podría objetar: Sí, pero eso solamente habla del amor
redentor de Dios por sus elegidos. No, esto habla de un amor
que se extendió sobre toda la nación de Israel. Dios "fue su Salvador" en el sentido que redimió de Egipto a toda la nación. Se
angustió cuando ellos se angustiaron. Los sustentó "todos los
días de la antigüedad". Esto no habla de una salvación eterna,
sino de una relación temporal con una nación terrenal. ¿Cómo
lo sabemos? Veamos el versículo 10: "Mas ellos fueron rebeldes, e hicieron enojar su santo espíritu; por lo cual se les volvió
enemigo, y él mismo peleó contra ellos".

¡Esa es una declaración increíble! Aquí vemos a Dios definido
como el Salvador, el amante, el redentor de un pueblo que se
convirtió en su enemigo. Se rebelaron contra Él. Entristecieron
a su Espíritu Santo. Escogieron una vida de pecado.

Notemos ahora el versículo 17: "¿Por qué, oh Jehová, nos
has hecho errar de tus caminos, y endureciste nuestro corazón
a tu temor?". Eso habla del endurecimiento judicial de la nación
desobediente. Dios en realidad endureció los corazones de aquellos a quienes amó y redimió sacándolos de Egipto.

Isaías 64:5 incluye estas sorprendentes palabras: "Te enojaste
porque pecamos; en los pecados hemos perseverado por largo
tiempo; ¿podremos acaso ser salvos?".

¿Cómo puede Dios ser Salvador para aquellos que no salvará?

Sin embargo, estas son personas claramente no convertidas. Veamos los versículos 6-7, que empiezan con un pasaje conocido:

> Si bien todos nosotros somos como suciedad, y todas nuestras justicias como trapo de inmundicia; y caímos todos nosotros como la hoja, y nuestras maldades nos llevaron como viento. Nadie hay que invoque tu nombre, que se despierte para apoyarse en ti; por lo cual escondiste de nosotros tu rostro, y nos dejaste marchitar en poder de nuestras maldades.

Está claro que estas son personas inconversas e incrédulas. ¿En qué sentido Dios puede llamarse Salvador de ellas?

Este es el sentido: Dios se reveló como Salvador. Manifestó su amor a la nación. "En toda angustia de ellos él fue angustiado" (63:9). Dios derramó su bondad, misericordia y compasión sobre la nación. Y esa divina paciencia y clemencia debió haberlos movido al arrepentimiento (Ro. 2:4). Pero en cambio, respondieron con incredulidad y sus corazones fueron endurecidos.

Isaías 65 va incluso más allá:

> Fui buscado por los que no preguntaban por mí; fui hallado por los que no me buscaban. Dije a gente que no invocaba mi nombre: Heme aquí, heme aquí. Extendí mis manos todo el día a pueblo rebelde, el cual anda por camino no bueno, en pos de sus pensamientos (vv.1-2).

En otras palabras, Dios se alejó de estos rebeldes, mandándolos a su propia idolatría, y escogió de entre otras naciones un pueblo para sí.

Isaías muestra la sorprendente blasfemia de aquellos de los que Dios se había alejado. Se consideraban más santos que Dios (v. 5); continuamente lo provocaban cara a cara (v. 3), contaminándose (v. 4) y despreciando a Dios por ídolos (v. 7). Dios los juzgó con la mayor severidad, porque la hostilidad hacia Él era grande, y el rechazo que le hicieron fue definitivo.

Sin embargo, ¡este fue el pueblo al que Dios había mostrado amor y bondad! Incluso Dios se llamó salvador de ellos. En un sentido similar, a Jesús se le llamó "Salvador del mundo" (Jn. 4:42; 1 Jn. 4:14). Pablo escribió: "Esperamos en el Dios viviente, que es el Salvador de todos los hombres, mayormente de los que creen" (1 Ti. 4:10). El punto no es que Él salva realmente al mundo entero (porque eso sería universalismo, y la Biblia enseña claramente que no todos serán salvos). El punto es que Dios es el único Salvador a quien todos en el mundo pueden volverse en busca de perdón y vida eterna; de ahí que se inste a todos a aceptarlo como Salvador. Jesucristo es ofrecido al mundo como Salvador. Al presentar a su propio Hijo como Salvador del mundo, Dios muestra la misma clase de amor a todo el mundo que fue manifiesta en el Antiguo Testamento a los israelitas rebeldes. Es un amor sincero, tierno y compasivo que brinda misericordia y perdón.

¿En qué sentido es universal el amor de Dios?

¿Qué aspectos del amor y la buena voluntad de Dios se ven en sus tratos con los reprobados? Hay al menos cuatro maneras en que el amor de Dios se manifiesta universalmente a todas las personas.

Gracia común

"Gracia común" es un término que los teólogos utilizan para describir universalmente la bondad de Dios para con toda la humanidad. La gracia común limita el pecado y sus efectos sobre el género humano. Esta evita que la humanidad descienda al pantano de la maldad que veríamos si se permitiera que la plena expresión de nuestra naturaleza caída reinara con libertad.

La Biblia enseña que somos totalmente depravados, contaminados por el pecado en todo aspecto de nuestro ser (Ro. 3:10-18).

Los que dudan de esta doctrina a menudo preguntan: "¿Cómo puede gente que se supone totalmente depravada disfrutar de la belleza, tener un sentido del bien y del mal, conocer los dolores de una conciencia herida, o producir grandes obras de arte y literatura? ¿No son estos logros de la humanidad prueba de que el ser humano es esencialmente bueno? ¿No dan testimonio estas cosas de la bondad fundamental de la naturaleza humana?".

La respuesta es no. La naturaleza humana es totalmente corrupta. "No hay justo, ni aun uno" (Ro. 3:10). "Engañoso es el corazón más que todas las cosas, y perverso" (Jer. 17:9). Hombres y mujeres no regenerados están "muertos en [sus] delitos y pecados" (Ef. 2:1). Por naturaleza todos son "insensatos, rebeldes, extraviados, esclavos de concupiscencias y deleites diversos, viviendo en malicia y envidia" (Tit. 3:3). Esto es verdad para todos por igual, "por cuanto todos pecaron, y están destituidos de la gloria de Dios" (Ro. 3:23).

La gracia común es lo único que limita la expresión plena de la pecaminosidad humana. Dios nos ha dado misericordiosamente una conciencia, la cual nos permite conocer la diferencia entre lo bueno y lo malo, y hasta cierto punto pone restricciones morales a la conducta perversa (Ro. 2:15). Soberanamente Dios mantiene orden en la sociedad humana por medio del gobierno (Ro. 13:1-5). Nos permite admirar la belleza y la bondad (Sal. 50:2). Imparte numerosas ventajas, bendiciones y muestras de su bondad de modo indiscriminado sobre malos y buenos, justos e injustos (Mt. 5:45). Todo ello es el resultado de la gracia común y la bondad de Dios para con la humanidad en general.

La gracia común *debería* bastar para mover a los pecadores al arrepentimiento. El apóstol Pablo reprende a los incrédulos: "¿Menosprecias las riquezas de su benignidad, paciencia y longanimidad, ignorando que su benignidad te guía al arrepentimiento?" (Ro. 2:4). Pero debido a la profundidad de la depravación en el corazón humano, todos los pecadores desprecian la bondad de Dios.

La gracia común no perdona el pecado ni redime a los pecadores, pero sin embargo es una muestra sincera de la buena voluntad de Dios hacia la humanidad en general. Así declaró el apóstol Pablo: "En él vivimos, y nos movemos, y somos.... Porque linaje suyo somos" (Hch. 17:28). Eso abarca a todos en la tierra, no solo a quienes Dios adopta como hijos. Dios nos trata a todos como su linaje, personas creadas a su imagen. "Bueno es Jehová para con todos, y sus misericordias sobre todas sus obras" (Sal. 145:9).

Si usted cuestiona el amor y la bondad de Dios, observe una vez más el mundo en que vivimos. Alguien podría decir: "Hay mucha tristeza en este mundo". La única razón por la que sobresalen la tristeza y la tragedia es porque también hay mucho gozo y alegría. La única razón por la que reconocemos la fealdad es que Dios nos ha otorgado mucha belleza. La única razón por la que sentimos desilusión es que hay mucho que satisface.

Cuando entendemos que toda la humanidad es caída, rebelde y digna de ninguna bendición de la mano de Dios, esto ayuda a darnos una perspectiva mejor. "Por la misericordia de Jehová no hemos sido consumidos, porque nunca decayeron sus misericordias" (Lm. 3:22). Y la única razón por la cual Dios nos da algo para reír, sonreír o disfrutar es porque Él es bueno y amoroso. Si Dios no lo fuera, seríamos consumidos de inmediato por su ira.

Hechos 14 contiene una descripción útil de la gracia común. Aquí Pablo y Bernabé estaban ministrando en Listra, cuando Pablo curó a un hombre cojo. La multitud lo vio y alguien comenzó a decir que Pablo era Mercurio y que Bernabé era Júpiter. El sacerdote en el templo local de Mercurio quiso organizar un sacrificio a su dios. Pero cuando Pablo y Bernabé oyeron hablar de esto, expresaron:

Varones, ¿por qué hacéis esto? Nosotros también somos hombres semejantes a vosotros, que os anunciamos que de estas vanidades os convirtáis al Dios vivo, que hizo el cielo y la tierra, el mar, y todo lo que en ellos hay. *En las edades pasadas él ha dejado a todas las gentes andar en sus propios caminos; si bien no se dejó a sí mismo sin testimonio, haciendo bien, dándonos lluvias del cielo y tiempos fructíferos, llenando de sustento y de alegría nuestros corazones* (vv. 15-17).

Esa es una buena descripción de la gracia común. Aunque permite a los pecadores "andar en sus propios caminos", Dios sin embargo les concede muestras temporales de su bondad y compasión. No es gracia salvadora. No tiene efecto redentor. No obstante, es una manifestación auténtica y sincera de la misericordia divina para con todas las personas.

Compasión

El amor de Dios por toda la humanidad es un amor de *compasión*. Para decirlo de otra manera, es un amor de piedad. Es un amor quebrantado. Él es "bueno y perdonador, y grande en misericordia para con todos los que [lo] invocan" (Sal. 86:5). "De Jehová nuestro Dios es el tener misericordia y el perdonar, aunque contra él nos hemos rebelado" (Dn. 9:9). Él es "misericordioso y piadoso; tardo para la ira, y grande en misericordia y verdad" (Éx. 34:6). Como vimos en un capítulo anterior, "Dios es amor" (1 Jn. 4:8, 16).

Una vez más, debemos entender que no hay nada en ningún pecador que incite el amor de Dios. Él no nos ama porque seamos adorables. No es misericordioso con nosotros porque de alguna manera merezcamos su misericordia. Somos pecadores despreciables y viles que si no fuéramos salvos por la gracia de Dios seríamos arrojados al basurero de la eternidad, que es el infierno. No tenemos valor ni merecimiento intrínseco... no hay nada en nosotros digno de que nos ame.

Hace poco oí por casualidad a un psicólogo en un programa

de radio intentando inflarle el ego a alguien que llamaba: "Dios te ama por lo que eres. *Debes* verte como alguien especial. Después de todo, eres especial para Dios". Sin embargo, eso es totalmente errado. Dios *no* nos ama "por lo que somos". Nos ama *a pesar de lo que somos*. No nos ama porque seamos especiales. Al contrario, solo su amor y su gracia es lo que dan algún significado a nuestra vida. Esa puede parecer una perspectiva triste a quienes se criaron en una cultura donde la autoestima se eleva hasta la virtud suprema. Pero después de todo eso es lo que enseña la Biblia: "Pecamos nosotros, como nuestros padres; hicimos iniquidad, hicimos impiedad" (Sal. 106:6). "Todos nosotros somos como suciedad, y todas nuestras justicias como trapo de inmundicia; y caímos todos nosotros como la hoja, y nuestras maldades nos llevaron como viento" (Is. 64:6).

Dios ama porque Él *es* amor; el amor es esencial a quién es Él. En vez de ver su amor como prueba de algo digno en nosotros, deberíamos sentirnos humildes por ese amor.

El amor de Dios por los reprobados no es el amor al valor; es el amor de la piedad por aquello que *pudo* haber tenido algún valor y que no lo tiene. Es un amor de compasión. Es un amor de tristeza. Es un amor patético. Es la misma sensación profunda de compasión y piedad que tenemos cuando vemos a un indigente lleno de costras y en la miseria. No es un amor que sea incompatible con repulsión, pero de todos modos es un amor sincero, bienintencionado, compasivo y comprensivo.

A menudo los profetas del Antiguo Testamento describen las lágrimas de Dios por los perdidos:

> Mis entrañas vibrarán como arpa por Moab, y mi corazón por Kir-hareset. Y cuando apareciere Moab cansado sobre los lugares altos, cuando venga a su santuario a orar, no le valdrá. Esta es la palabra que pronunció Jehová sobre Moab desde aquel tiempo (Is. 16:11-13).

Exterminaré de Moab, dice Jehová, a quien sacrifique sobre los lugares altos, y a quien ofrezca incienso a sus dioses. Por tanto, mi corazón resonará como flautas por causa de Moab, asimismo resonará mi corazón a modo de flautas por los hombres de Kir-hares; porque perecieron las riquezas que habían hecho. Porque toda cabeza será rapada, y toda barba raída; sobre toda mano habrá rasguños, y cilicio sobre todo lomo (Jer. 48:35-37).

Igualmente, el Nuevo Testamento nos ofrece la imagen de Cristo llorando sobre la ciudad de Jerusalén: "¡O Jerusalén, Jerusalén, que matas a los profetas, y apedreas a los que te son enviados! ¡Cuántas veces quise juntar a tus hijos, como la gallina junta sus polluelos debajo de las alas, y no quisiste!" (Mt. 23:37). Lucas 19:41-44 da una imagen aún más detallada de la tristeza de Cristo sobre la ciudad:

Cuando llegó cerca de la ciudad, al verla, lloró sobre ella, diciendo: ¡Oh, si también tú conocieses, a lo menos en este tu día, lo que es para tu paz! Mas ahora está encubierto de tus ojos. Porque vendrán días sobre ti, cuando tus enemigos te rodearán con vallado, y te sitiarán, y por todas partes te estrecharán, y te derribarán a tierra, y a tus hijos dentro de ti, y no dejarán en ti piedra sobre piedra, por cuanto no conociste el tiempo de tu visitación.

Esas son palabras de condenación, pero fueron dichas en gran tristeza. Es tristeza auténtica nacida del corazón de un Salvador divino que quiso juntarlos "como la gallina junta sus polluelos debajo de las alas", pero ellos no quisieron.

Aquellos que niegan el amor de Dios por los reprobados generalmente sugieren que lo que vemos aquí es el lado humano de Jesús, no su divinidad. Dicen que si esta fuera una expresión de deseo sincero de un Dios omnipotente, seguramente habría intervenido a favor de ellos y los habría salvado. Afirman que el deseo no hecho realidad como Jesús expresa aquí simplemente es incompatible con un Dios soberano. Pero veamos los problemas con ese punto de vista. ¿Es Cristo en su humanidad más amoroso o más compasivo que Dios? ¿Es ternura perfeccionada en la humanidad de Cristo, pero de algún modo carente en su deidad? Cuando Cristo habla de juntar a los habitantes de Jerusalén como una gallina junta a sus polluelos, ¿no está hablando la deidad sino la humanidad? ¿Acaso estos pronunciamientos de condenación tampoco proceden necesariamente de su deidad? Y si las palabras son de deidad, ¿cómo puede alguien asegurar que la tristeza que las acompaña sea producto solo de la naturaleza humana de Cristo, y no de la divina? ¿No nos dicen nuestros corazones que si Dios es amor, si sus tiernas misericordias están sobre todas sus obras, lo que oímos en las palabras de Jesús debe ser entonces un eco divino?

Advertencia

El amor universal de Dios se revela no solo en la gracia común y su gran compasión, sino también en su amonestación al arrepentimiento. Dios advierte constantemente a los reprobados su destino inminente, y les suplica que se vuelvan del pecado. Nada demuestra más el amor de Dios que las varias advertencias a lo largo de las páginas de la Biblia, en que insta a los pecadores a huir de la ira venidera.

Cualquiera que conozca algo de las Escrituras sabe que están llenas de advertencias acerca del juicio venidero, del infierno y de la severidad del castigo divino. Si Dios *no* amara de veras a los reprobados, nada lo obligaría a advertirles. Él sería perfectamente justo al castigarlos por su pecado e incredulidad sin ningún tipo de advertencia. Pero Él *ama, le importan* las personas y les *advierte*.

Es evidente que Dios ama tanto a los pecadores que les

advierte. A veces las advertencias de la Biblia llevan las marcas de la ira divina. Estas parecen severas. Reflejan el odio de Dios por el pecado. Advierten sobre la condenación irreversible que caerá sobre los pecadores. Son inquietantes, desagradables y hasta aterradoras.

Pero son advertencias de un Dios amoroso que, como hemos visto, llora por la destrucción de los malvados. Son expresiones necesarias del corazón de un Creador compasivo que no se complace en la muerte de los malvados. Son una prueba más de que Dios es amor.

La oferta del evangelio

Por último, vemos prueba de que el amor de Dios se extiende a todos *al ofrecerles el evangelio*. Ya vimos que la invitación al evangelio es un ofrecimiento de misericordia divina. Veamos ahora la amplitud ilimitada de la oferta. A nadie se excluye de la invitación al evangelio. La salvación en Cristo se ofrece de forma libre e indiscriminada a todos.

Jesús contó una parábola en Mateo 22:2-14 acerca de un rey que estaba celebrando el matrimonio de su hijo. El monarca envió a sus criados a que invitaran a los convidados a la boda. La Biblia dice simplemente que "éstos no quisieron venir" (v. 3). El rey envió otra vez a sus criados, diciendo: "He aquí, he preparado mi comida; mis toros y animales engordados han sido muertos, y todo está dispuesto; venid a las bodas" (v. 4). Pero incluso, después de esa segunda invitación, los convidados se negaron a asistir. Es más, la Biblia asegura que "ellos, sin hacer caso, se fueron, uno a su labranza, y otro a sus negocios; y otros, tomando a los siervos, los afrentaron y los mataron" (vv. 5-6). ¡Este fue un comportamiento escandaloso e inexcusable! Y el rey los juzgó severamente por eso.

Luego la Biblia relata que el rey dijo a sus criados: "Las bodas a la verdad están preparadas; mas los que fueron convidados no eran dignos. Id, pues, a las salidas de los caminos, y llamad a las bodas a cuantos halléis" (vv. 8-9). El rey abrió la invitación a todos los interesados. Jesús cierra con esto: "Muchos son llamados, y pocos escogidos" (v. 14). La parábola representa el trato de Dios con la nación de Israel. Ellos fueron los invitados. Pero rechazaron al Mesías. Lo rechazaron, lo maltrataron y lo crucificaron. No vendrían, como Jesús les dijo: "Escudriñad las Escrituras; porque a vosotros os parece que en ellas tenéis la vida eterna; y ellas son las que dan testimonio de mí; y *no queréis venir a mí* para que tengáis vida" (Jn. 5:39-40). El evangelio invita a venir a muchos que no están dispuestos a venir. Muchos son llamados que no son escogidos. La invitación a venir se ofrece indiscriminadamente a todos. Cualquiera podrá venir... la invitación no se hace solo a los elegidos.

El amor de Dios por la humanidad no se detiene con una advertencia del juicio venidero. También invita a pecadores a participar de la misericordia divina, pues ofrece perdón y compasión. Jesús declaró: "Venid a mí todos los que estáis trabajados y cargados, y yo os haré descansar. Llevad mi yugo sobre vosotros, y aprended de mí, que soy manso y humilde de corazón; y hallaréis descanso para vuestras almas" (Mt. 11:28-29). Y también dijo: "Al que a mí viene, no le echo fuera" (Jn. 6:37).

Por estos versículos debería ser evidente que el evangelio es un *ofrecimiento gratuito* de Cristo y de su salvación a todos los que escuchan. Quienes rechazan el ofrecimiento gratuito alteran, por tanto, la naturaleza del evangelio mismo. Y aquellos que se niegan a aceptar que el amor de Dios se extiende a toda la humanidad ocultan algunas de las verdades más bendecidas en toda la Biblia acerca de Dios y su misericordia.

El amor de Dios se extiende a todo el mundo. Abarca a toda la humanidad. Lo vemos en la gracia común. Lo vemos en su compasión. Lo vemos en sus advertencias a los perdidos. Y lo vemos en el ofrecimiento gratuito del evangelio a todos.

Dios es amor, y su misericordia está sobre todas sus obras. Pero eso no es todo lo que hay que saber acerca del amor de

Dios. Hay un aspecto aún mayor del amor de Dios que se manifiesta en su soberana elección y salvación de ciertos pecadores. Y es a este tipo superior de amor que ahora dirigimos nuestra atención.

7

El amor de Dios por sus elegidos

NADIE DEBERÍA LLEGAR A LA CONCLUSIÓN de que debido a que el amor de Dios se extiende universalmente a todos, por tanto Dios ama a todos por igual. El hecho de que Dios ame a todo hombre y toda mujer no significa que ame a todos por *igual*. Claramente, no es así. En Romanos 9:13, el apóstol Pablo, citando una profecía del libro de Malaquías en el Antiguo Testamento, describe la actitud de Dios hacia los hijos gemelos de Isaac: "A Jacob amé, mas a Esaú aborrecí".

Además, Pablo expresa que Dios hizo su elección cuando los gemelos "no habían aún nacido, ni habían hecho aún ni bien ni mal" (v. 11). ¿Por qué? ¿Por qué Dios decidió amar a uno y odiar al otro, antes que ninguno de ellos pudiera hacer algo para merecer el amor o el odio de Dios?

Pablo nos informa por qué: "Para que el propósito de Dios conforme a la elección permaneciese, no por las obras sino por el que llama" (v. 11). El apóstol está enseñando que Dios es soberano en el ejercicio de su amor. Dios puso su amor en ciertos individuos en la eternidad pasada y los *predestinó* para vida eterna. Desde luego, aquí tocamos la doctrina bíblica de la elección.

La mayoría de personas batallan con esta doctrina la primera vez que la encuentran. Pero como veremos, la doctrina se enseña claramente en la Biblia. Y es tan crucial entender el amor de Dios que debemos abordarlo aquí.

LOS LÍMITES DEL AMOR UNIVERSAL

El amor compasivo y la bondad que Dios otorga a toda la humanidad tiene sus límites. Puede ser resistido. Puede ser rechazado. Puede ser despreciado. Como notamos en el capítulo anterior, el amor y la bondad de Dios *deberían* llevar al pecador a arrepentirse (Ro. 2:4), pero a causa de la maldad total del corazón pecaminoso, el pecador persiste obstinadamente en su pecado e incredulidad. Por tanto, el amor compasivo de Dios y su bondad ceden, en última instancia, al odio y el juicio. El apóstol Pablo escribió en 1 Corintios 16:22: "El que no amare al Señor Jesucristo, sea anatema". Ese es literalmente un pronunciamiento de condenación contra aquellos que desprecian el amor de Dios.

Como notamos en un capítulo anterior, algunas personas quisieran creer que Dios ama tanto a todos que, en última instancia, todos serán salvos. Sugieren que incluso quienes lo rechazan aquí en la tierra recibirán una segunda oportunidad al otro lado de la tumba, o que Dios sin ambages ni rodeos perdonará a todos y los llevará al cielo. Pero la Biblia no da tal esperanza. Según Jesús, los malvados son llevados "al castigo eterno" (Mt. 25:46). El amor de Dios que se ha despreciado da paso a odio divino, manifestado en la animosidad y venganza del juicio eterno.

Otros niegan que Dios aborrezca de veras a alguien. Dirán que Dios odia al pecado, pero no al pecador. Sin embargo, esa es una dicotomía falsa. Recuerde que es el pecador mismo quien es juzgado, condenado y castigado. Si Dios odiara solo al pecado y no al pecador, quitaría el pecado y redimiría al pecador, en lugar de lanzar a la persona completa al infierno (Mt. 5:29; 10:28). Después de todo, el infierno es la expresión final del odio de Dios. Él odia al pecador reprobado en un sentido muy real y aterrador.

Yo no diría que eso no se enseña claramente en la Biblia. El Salmo 5:5-6 advierte: "Los insensatos no estarán delante de tus ojos; aborreces a todos los que hacen iniquidad. Destruirás a los que hablan mentira; al hombre sanguinario y engañador abominará Jehová". El Salmo 11:5 expresa: "Jehová prueba al justo; pero al malo y al que ama la violencia, su alma los aborrece".

El salmista mismo refleja la actitud divina cuando escribe: "¿No odio, oh Jehová, a los que te aborrecen, y me enardezco contra tus enemigos? Los aborrezco por completo; los tengo por enemigos" (Sal. 139:21-22).

Según notamos anteriormente, este no es un odio malévolo sino un aborrecimiento santo por lo que es vil, repugnante y malvado. No obstante, es odio verdadero.

Así que mientras hay un sentido genuino en el cual el amor de Dios es universal en su extensión, hay otro sentido en que es limitado en grado. El amor de Dios por toda la humanidad no es la clase de amor que garantiza la salvación de todos. No es el amor que anula el aborrecimiento santo hacia el pecado. No es un amor salvador.

LA MAGNITUD DEL AMOR SALVADOR DE DIOS

Sin embargo, hay un amor aún más grande de Dios que logra la salvación de los pecadores. Se trata de un amor especial, otorgado desde toda la eternidad a quienes Él ha escogido como suyos. El amor de Dios por aquellos que creen —su amor por los escogidos— es infinitamente más grande en grado que su amor por la humanidad en general. Aquí estamos hablando de una doctrina sumamente importante de las Escrituras.

Ya dedicamos todo un capítulo a demostrar que Dios ama a toda la humanidad. Por razones obvias, es importante afirmar ese aspecto universal del amor de Dios. Pero aún más crucial es que veamos que Dios tiene un amor especial por *los suyos*, su pueblo escogido, y que los ama con un amor eterno e inmutable. Juan 13:1 describe el amor de Cristo por sus discípulos:

"Como había amado a los suyos que estaban en el mundo, los amó hasta el fin". Otra versión traduce ese mismo versículo de este modo: "Siempre amó a sus seguidores pero en esta ocasión mostró su amor al máximo" (PDT). Esa corta frase "hasta el fin" (Jn. 13:1) tiene gran importancia. La expresión griega es *eis telos*. "Hasta el fin" es una traducción aceptable, pero idiomáticamente esta es una expresión que transmite el significado de "completamente, perfectamente, totalmente o comprensivamente... al máximo". Dios ama al mundo, pero ama "a los suyos" de manera perfecta, inmutable, completa, total y comprensiva: *eis telos*. Dicho de modo simple, él ama a los suyos hasta la completa magnitud de su capacidad de amar a sus criaturas. Los ama tanto como para hacerlos coherederos con Cristo. Los ama tanto como para hacerlos a su misma imagen. Les prodiga todas las riquezas de su gracia por toda la eternidad. Los ama en forma tan completa y total como algún humano pudo alguna vez ser amado por Dios, y su amor no conoce límites. Eso es lo que transmite *eis telos*.

También se trata de un amor incondicional. Veamos el contexto: Jesús estaba en el aposento alto con los discípulos la noche en que fue traicionado. En este momento era muy consciente de las fallas, debilidades y acciones desilusionantes de ellos, quienes parecían tener dificultades por comprender las verdades más sencillas. Conformaban un grupo de hombres cobardes, desleales y aterrados que pronto se dispersarían cuando a Él lo tomaran prisionero. Cristo sabía esto. Por eso predijo que Pedro lo negaría vergonzosamente tres veces. También sabía que cuando colgara de la cruz al día siguiente, la mayoría de discípulos no estaría presente.

El amor de Jesús por ellos nunca había fallado. Lo había demostrado vez tras vez. Incluso dio inicio a esa última noche junto a ellos en el aposento alto lavándoles los pies, como si Él fuera un siervo humilde de los discípulos. Sin embargo, ¡aún después de eso interrumpirían la cena con una discusión acerca de quién de ellos era el mayor (Lc. 22:24)! Los había amado de modo tan magnánimo y razonable como era posible, y esto es lo que obtuvo a cambio.

En pocas palabras, el amor de Jesús por sus discípulos no recibió el pago que debió haber tenido. Ellos habían hecho caso omiso al amor del Señor, lo dieron por sentado y abusaron de ese amor. Pero Jesús los amó hasta el final. Es decir, este fue un amor que no moriría. No disminuiría. Era *incondicional*.

Pero la expresión *eis telos* también transmite la idea de eternidad. Aquí habla de un amor que dura para siempre. Cristo no solo amó a los suyos hasta el fin de sus vidas, los amó no solo hasta el final de la vida terrenal de *Él*, sino que los amaría eternamente. En este mismo contexto, les informó: "Voy, pues, a preparar lugar para vosotros... para que donde yo estoy, vosotros también estéis" (Jn. 14:2-3). Su amor por los suyos se manifestará durante toda la eternidad.

Así que la frase *eis telos* es rica en significado. "Como había amado a los suyos que estaban en el mundo, los amó [*eis telos*]" al máximo en todos los aspectos.

Esto, desde luego, habla del amor particular de Dios por los elegidos. No es el amor general que extiende a toda la humanidad. No es un amor condicional que puede dar paso al odio. Este es un amor que Dios tiene por "los suyos". Es un amor que se extiende desde la eternidad pasada hasta la eternidad futura. Además es un amor que no se detendrá ante nada para redimir su propósito.

Jesús declaró: "Nadie tiene mayor amor que este, que uno ponga su vida por sus amigos" (Jn. 15:13). Eso es precisamente lo que haría por ellos al día siguiente de pronunciar tales palabras.

Este amor de Dios por los suyos no se concede a las personas porque se muestren dignas de él. Es más, no hay *nada* digno en los destinatarios de este amor:

Cristo, cuando aún éramos débiles, a su tiempo murió por los impíos. Ciertamente, apenas morirá alguno por un justo; con todo, pudiera ser que alguno osara morir por el bueno. Mas Dios muestra su amor para con nosotros, en que siendo aún pecadores, Cristo murió por nosotros (Ro. 5:6-8).

Estas no son personas que de alguna manera se hubieran ganado el amor de Dios, amor lleno de misericordia, no algo que alguien pudiera ganar alguna vez por medio de un sistema de méritos. Aquí es donde se ve la verdadera grandeza del amor divino. Cristo enfrenta la cruz. Llevará el pecado de ellos. Sufrirá por ellos la agonía de la ira de Dios. Padecerá la sensación dolorosa y solitaria de ser abandonado por el Padre, por no mencionar el dolor humano de la ejecución, el asesinato y la vergüenza pública. Y sin embargo, Cristo está totalmente inmerso en su amor por los suyos y, mientras enfrenta la muerte, quiere afirmar cuánto ama a estos hombres totalmente indignos.

Este es un amor que solo quienes pertenecen a Cristo pueden conocer. Es un amor único y maravilloso. Es un amor vivificante. Es un amor que va tras su objetivo, sin importar nada. Es un amor que salva para siempre.

UN AMOR QUE ES OTORGADO SOBERANAMENTE

En Deuteronomio 7:6, Dios le dijo a Israel: "Tú eres pueblo santo para Jehová tu Dios; Jehová tu Dios te ha escogido para serle un pueblo especial, más que todos los pueblos que están sobre la tierra". Aquí Dios está hablando de Israel, su pueblo escogido, y sigue declarando:

No por ser vosotros más que todos los pueblos os ha querido Jehová y os ha escogido, pues vosotros erais el más insignificante de todos los pueblos; sino por cuanto Jehová os amó, y quiso guardar el juramento que juró a vuestros padres, os ha sacado Jehová con mano poderosa, y os ha rescatado de servidumbre, de la mano de Faraón rey de Egipto (vv. 7-8).

Dios eligió a Israel no porque fuera mejor que las demás naciones, no porque fuera más digna del amor divino, no porque fuera una nación más grande o más impresionante que cualquier otra, sino simplemente por la gracia de Dios.

Alguien podría sugerir que las palabras de Deuteronomio 7 se dirigen a una nación entera, que incluye a muchos que evidentemente no estaban nombrados entre los elegidos. Después de todo, solo un remanente de Israel fue salvo (Ro. 9:27-29). El apóstol Pablo, respondiendo a una objeción similar, escribió: "No que la palabra de Dios haya fallado; porque no todos los que descienden de Israel son israelitas, ni por ser descendientes de Abraham, son todos hijos" (Ro. 9:6-7). En otras palabras, la elección no está determinada por descendencia de sangre. Así que, a la luz de todo lo que la Biblia tiene que decir acerca de Israel, sabemos que las palabras de Deuteronomio 7 se dirigen en realidad al remanente elegido.

Además, el Israel nacional solo era *representativo* de todos los elegidos de todo el tiempo. Dios en su gracia escoge realmente para sí a personas "de todas naciones y tribus y pueblos y lenguas" (Ap. 7:9). Cuando en Deuteronomio 7 Dios habla de su amor eterno por Israel, está refiriéndose a los hijos espirituales de Abraham. "Sabed, por tanto, *que los que son de fe*, éstos son hijos de Abraham" (Gá. 3:7).

Por eso el amor que Dios describe en Deuteronomio 7:6-7 es particular para los elegidos, y por tanto estos versículos describen el amor divino por *todos* los elegidos. Se trata de un amor eterno, concedido a los israelitas no debido a alguna valía en ellos, sino simplemente porque fue la voluntad soberana de Dios amarlos.

¿Por qué, entre todas las naciones, fue elegida Israel como el pueblo de Dios? ¿Porque escogieron a Dios? No, porque *Dios los* escogió. Eso es exactamente lo que Deuteronomio 7:7 quiere decir. Fue decisión soberana de Dios depositar su amor eterno en Israel. En ninguna manera ellos deben creer que eran más merecedores que ninguna otra nación. Fue un acto soberano de la propia voluntad de Dios que amara a Israel. Y de su amor, Él eligió.

UNA REPRESENTACIÓN GRÁFICA DEL AMOR INFINITO

Dios mismo, hablando por medio de Ezequiel, explicó su amor exclusivo por los elegidos en términos gráficos. Él describe en Ezequiel 16 a Israel en términos tan repugnantes y sórdidos que dentro del judaísmo mismo este capítulo no está permitido ser leído en ninguna reunión pública. Pero este pasaje no es realmente sobre la iniquidad de Israel sino acerca de la eternidad del amor de Dios:

> Vino a mí palabra de Jehová, diciendo: Hijo de hombre, notifica a Jerusalén sus abominaciones, y di: Así ha dicho Jehová el Señor sobre Jerusalén: Tu origen, tu nacimiento, es de la tierra de Canaán; tu padre fue amorreo, y tu madre hetea (vv. 1-3).

Dios habla aquí a la ciudad de Jerusalén, representante de la nación israelita. Jerusalén era la propia ciudad de Dios. Su lugar de morada (Sal. 135:21). Era el centro de la vida y adoración de Israel. El templo estaba ubicado allí.

Pero algo trágico había sucedido. Jerusalén estaba llena de abominaciones. La idolatría era desenfrenada. Por lo que el Señor instruyó a Ezequiel para que le diera a conocer a Jerusalén las propias abominaciones de esta ciudad. Ezequiel debía decirle a Israel que su padre era un amorreo, y su madre hetea (amorreo y hetea eran nombres generales para los moradores paganos de Canaán). No quiere decir literalmente que Israel descendiera de estas tribus; no fue así. Dios estaba simplemente lamentando el hecho de que Jerusalén bajo Israel no era mejor que cuando tribus paganas gobernaban Canaán. Israel había permitido que las cosas regresaran a un estado de paganismo. Estaban actuando como hijos de paganos y no como hijos de Dios.

En los versículos 44-45, Ezequiel repite la misma acusación: "He aquí, todo el que usa de refranes te aplicará a ti el refrán que dice: Cual la madre, tal la hija. Hija eres tú de tu madre, que desechó a su marido y a sus hijos; y hermana eres tú de tus hermanas, que desecharon a sus maridos y a sus hijos; vuestra madre fue hetea, y vuestro padre amorreo". Esta era una reprimenda mordaz, sugiriendo que como hija de heteos, los israelitas estaban repitiendo las brutales prostituciones espirituales de los heteos. Estaban actuando como descendientes de idólatras.

Veamos ahora la descripción que el Señor hace de la nación en los versículos 4-6 como un bebé indefenso y desvalido. Esta es una imagen gráfica e inquietante:

> Y en cuanto a tu nacimiento, el día que naciste no fue cortado tu ombligo, ni fuiste lavada con aguas para limpiarte, ni salada con sal, ni fuiste envuelta con fajas. No hubo ojo que se compadeciese de ti para hacerte algo de esto, teniendo de ti misericordia; sino que fuiste arrojada sobre la faz del campo, con menosprecio de tu vida, en el día que naciste. Y yo pasé junto a ti, y te vi sucia en tus sangres, y cuando estabas en tus sangres te dije: ¡Vive! Sí, te dije, cuando estabas en tus sangres: ¡Vive!

Dios representó a Israel como la hija no deseada de una prostituta, arrojada en un campo abierto inmediatamente después de nacer, con el cordón umbilical aún adherido a la placenta. La niña ni siquiera estaba lavada. La dejaron para que los perros la devoraran. No tenía posibilidad de sobrevivir.

Dios dijo que así era como Israel estaba "cuando la encontré". Se refería a Israel durante el cautiverio en Egipto. Era una nación despreciada e indefensa. Nadie se preocupaba por ella. Estaba indefensa, era patética, odiada y aborrecida por todos, condenada a perecer. Era marginada y no deseada, sin ninguna esperanza en el mundo y sin siquiera tierra propia. Pero Dios decidió poner su amor en esa niña indefensa. "Pasé junto a ti, y te vi sucia en tus sangres, y cuando estabas en tus sangres te dije: ¡Vive! Sí, te dije, cuando estabas en tus sangres: ¡Vive!" (v. 6). Dios la levantó y la rescató. La liberó de Egipto y le dio vida. ¿Por qué? ¿Porque había algo adorable en ella? No, según describió a los israelitas, eran feos, estaban ensangrentados y sucios. Nadie los quería. No había nada acerca de ellos que obligara a Dios a mostrarles compasión. Pero Él pasó y los vio retorciéndose en la tierra, y les otorgó vida.

Dios continúa:

> Te hice multiplicar como la hierba del campo; y creciste y te hiciste grande, y llegaste a ser muy hermosa; tus pechos se habían formado, y tu pelo había crecido; pero estabas desnuda y descubierta. Y pasé yo otra vez junto a ti, y te miré, y he aquí que tu tiempo era tiempo de amores; y extendí mi manto sobre ti, y cubrí tu desnudez; y te di juramento y entré en pacto contigo, dice Jehová el Señor, y fuiste mía (vv. 7-8).

Aquí el Señor describió a Israel como una muchacha que había alcanzado la pubertad y estaba lista para casarse ("he aquí que tu tiempo era tiempo de amores"). Israel había alcanzado la madurez. Era como una hija adolescente que había llegado a la edad en que ahora no era apropiado que estuviera desnuda, por lo que el Señor mismo la cubrió: "Extendí mi manto sobre ti". Este era un emblema de protección, como un ave que extiende las alas para cubrir a sus polluelos. Jesús utilizó una imagen similar cuando lloró por Jerusalén (Lc. 13:34).

Extender el "manto" —*tallith*, o capa de oración— era una

costumbre que significaba esponsales de matrimonio (Rt. 3:9). Mostraba que el esposo estaba tomando a la novia bajo su protección. Dios estaba diciéndole a Israel: "No solo te levanté del campo en que eras una niña ensangrentada y sucia, sino que te llevé hasta que creciste. Y luego cuando fuiste suficientemente madura, consideré apropiado casarme contigo".

Ese también es el sentido de la última frase del versículo 8: "Te di juramento y entré en pacto contigo... y fuiste mía".

Por tanto, esto describía el matrimonio de Dios con Israel. Él la eligió según su voluntad soberana para amarla con un pacto eterno. La trató con la mayor ternura, protegiéndola en la indefensión en que se hallaba: "Te lavé con agua, y lavé tus sangres de encima de ti, y te ungí con aceite" (v. 9). Le concedió todos los favores que el más rico rey podía darle a su novia, prodigándole las riquezas de su gracia:

> Te vestí de bordado, te calcé de tejón, te ceñí de lino y te cubrí de seda. Te atavié con adornos, y puse brazaletes en tus brazos y collar a tu cuello. Puse joyas en tu nariz, y zarcillos en tus orejas, y una hermosa diadema en tu cabeza. Así fuiste adornada de oro y de plata, y tu vestido era de lino fino, seda y bordado; comiste flor de harina de trigo, miel y aceite; y fuiste hermoseada en extremo, prosperaste hasta llegar a reinar (vv. 10-13).

El amor que Dios mostró por Israel era extraordinario. Esto es lo que hoy día llamaríamos un "cambio de imagen" de grandes proporciones. ¡Convirtió a esa gentuza en la reina más hermosa! Es más, esto es precisamente lo que Dios hizo cuando sacó a Israel de la esclavitud en Egipto a la brillantez y esplendor del reino salomónico. Recordemos que la reina de Sabá vino precisamente a ver las glorias del reino de Salomón (1 R. 10:1-13). Toda la belleza y la magnificencia de Israel en su apogeo de gloria se debieron únicamente a la bondad de Dios.

Veamos ahora Ezequiel 16:15: "Pero confiaste en tu hermosura, y te prostituiste a causa de tu renombre, y derramaste tus fornicaciones a cuantos pasaron; suya eras". Israel se enamoró de su belleza y grandeza, y comenzó a tener relaciones con "cuantos pasaron". Por supuesto, eso describe las prostituciones espirituales de Israel, que después del reinado de David cayó reiteradamente en pecados como adorar ídolos y mezclar ideas religiosas paganas con la adoración que Dios había ordenado. Incluso el mismo Salomón "siguió a Astoret, diosa de los sidonios, y a Milcom, ídolo abominable de los amonitas" (1 R. 11:5).

Dios había elegido a la nación cuando estaba indefensa, la alimentó y la cuidó hasta que estuvo en edad de casarse, y entonces se casó con ella y la adornó con realeza. Ahora de repente ella era como una ramera callejera que se ofrecía a cometer adulterio con todos cuantos pasaban. Esta es una imagen asquerosa y repugnante. Pero estas son las propias palabras de Dios a Israel:

> Tomaste de tus vestidos, y te hiciste diversos lugares altos, y fornicaste sobre ellos; cosa semejante nunca había sucedido, ni sucederá más. Tomaste asimismo tus hermosas alhajas de oro y de plata que yo te había dado, y te hiciste imágenes de hombre y fornicaste con ellas; y tomaste tus vestidos de diversos colores y las cubriste; y mi aceite y mi incienso pusiste delante de ellas. Mi pan también, que yo te había dado, la flor de la harina, el aceite y la miel, con que yo te mantuve, pusiste delante de ellas para olor agradable; y fue así, dice Jehová el Señor (Ez. 16:16-19).

Israel tomó los mismos beneficios que Dios le había concedido misericordiosamente, y convirtió esas bendiciones en los instrumentos de sus adulterios espirituales. Utilizó los regalos y las bendiciones de Dios en sus propios actos de infidelidad. Usó las riquezas que Él le obsequió para comprar ídolos. Utilizó su importancia nacional para hacer alianzas con naciones paganas. Los israelitas tomaron la abundante bondad que derivaban de esa tierra donde abundaban la leche y la miel, y la ofrecieron a dioses extranjeros. Lo peor de todo es que participaron en la impiedad más repugnante:

Además de esto, tomaste tus hijos y tus hijas que habías dado a luz para mí, y los sacrificaste a ellas para que fuesen consumidos. ¿Eran poca cosa tus fornicaciones, para que degollases también a mis hijos y los ofrecieras a aquellas imágenes como ofrenda que el fuego consumía? (vv. 20-21).

En otras palabras, tomaron a sus propios bebés —infantes indefensos exactamente como Israel se encontraba cuando Dios la encontró— y los pusieron en el fuego para apaciguar a Moloc, el horrible dios de los amonitas. Era costumbre de los amonitas sacrificar a sus hijos a Moloc pasándolos por un fuego al aire libre y asándolos vivos (Lv. 20:2-5). Esta fue una de las mismas razones por las cuales el Señor había ordenado a los israelitas que destruyeran totalmente a los habitantes de la nación delante de ellos (Lv. 18:21, 24-26).

Más allá de todo esto, Israel olvidó la gracia de Dios: "Con todas tus abominaciones y tus fornicaciones no te has acordado de los días de tu juventud, cuando estabas desnuda y descubierta, cuando estabas envuelta en tu sangre" (Ez. 16:22). Israel había devuelto la tierra a los pecados de sus habitantes paganos. Y según el Señor mismo dijera: "Ni aun anduviste en sus caminos, ni hiciste según sus abominaciones; antes, como si esto fuera poco y muy poco, te corrompiste más que ellas en todos tus caminos" (v. 47). ¡El versículo 27 afirma que los pecados de Israel bastaron para avergonzar incluso a las filisteas!

Israel había convertido a su propio Dios en un hazmerreír entre las naciones. Tratemos de soñar con la clase de idolatría más repugnante y atroz imaginable, y no superaría lo que Israel había hecho. Era como si se hubieran salido del camino para hacer sus pecados tan públicos y vergonzosos como pudieran. Luego buscaron más formas de regodearse en la idolatría:

Sucedió que después de toda tu maldad (¡ay, ay de ti! dice Jehová el Señor), te edificaste lugares altos, y te hiciste altar en todas las plazas. En toda cabeza de camino edificaste lugar alto, e hiciste abominable tu hermosura, y te ofreciste a cuantos pasaban, y multiplicaste tus fornicaciones (vv. 23-25).

Dios sigue relatando cómo Israel buscó cometer sus adulterios espirituales con los egipcios (v. 26), los asirios (v. 28) y los caldeos (v. 29). "¡Cuán inconstante es tu corazón, dice Jehová el Señor, habiendo hecho todas estas cosas, obras de una ramera desvergonzada!" (v. 30).

¡Pero esto fue incluso *peor* que la prostitución! A una ramera le pagaban por sus favores, le dijo Dios a Israel: "No fuiste semejante a ramera, en que menospreciaste la paga" (v. 31). La nación de Israel estuvo dispuesta a cometer adulterio descarado y no recibir nada a cambio. No estaban "vendiéndose", ¡sino siendo infieles a Dios por puro deseo de idolatría! Peor aún:

Mujer adúltera, que en lugar de su marido recibe a ajenos. A todas las rameras les dan dones; mas *tú diste tus dones a todos tus enamorados; y les diste presentes*, para que de todas partes se llegasen a ti en tus fornicaciones. Y ha sucedido contigo, en tus fornicaciones, lo contrario de las demás mujeres: *porque ninguno te ha solicitado para fornicar, y tú das la paga, en lugar de recibirla*; por esto has sido diferente (vv. 32-34).

Israel era como una mujer tan lujuriosa que pagaba por tener amantes ilícitos. ¿Vemos aquí hasta qué punto Israel había pecado contra el Señor? La lujuria de la nación por idolatría era insaciable. Había pecado contra Dios en toda forma concebible, y aún estaba sedienta de más maneras de cometer sus adulterios espirituales. Por tanto, en Ezequiel 16:35-59, Dios pronunció un juicio severo sobre Israel. Los propios amantes la maltratarían:

> Te entregaré en manos de ellos; y destruirán tus lugares altos, y derribarán tus altares, y te despojarán de tus ropas, se llevarán tus hermosas alhajas, y te dejarán desnuda y descubierta. Y harán subir contra ti muchedumbre de gente, y te apedrearán, y te atravesarán con sus espadas (vv. 39-40).

Israel había sido arrogante en pecar. Había deshonrado a Dios y había profanado su nombre delante de todas naciones. Ahora Dios también la deshonraría abiertamente:

> Saciaré mi ira sobre ti, y se apartará de ti mi celo, y descansaré y no me enojaré más. Por cuanto no te acordaste de los días de tu juventud, y me provocaste a ira en todo esto, por eso, he aquí yo también traeré tu camino sobre tu cabeza, dice Jehová el Señor; pues ni aun has pensado sobre toda tu lujuria (vv. 42-43).

Esta fue una profecía que anunciaba el cautiverio en Babilonia. La nación de Israel fue derrotada por los babilonios. Sus ciudades y pueblos fueron saqueados y quemados. Sus hijos e hijas fueron llevados cautivos a una tierra extranjera. Su pecado produjo el inevitable fruto de vergüenza y degradación, y finalmente desgracia en la tierra. Después que "menospreciaste el juramento para invalidar el pacto" (v. 59), Israel regresó a un estado peor que cuando el Señor la encontró originalmente.

Pero he aquí la parte asombrosa: aunque podría parecer al observador como si Dios hubiera desechado a su propio pueblo en este momento, su amor por Israel aún lo conmovía:

Antes yo tendré memoria de mi pacto que concerté contigo en los días de tu juventud, y estableceré contigo un pacto sempiterno. Y te acordarás de tus caminos y te avergonzarás, cuando recibas a tus hermanas, las mayores que tú y las menores que tú, las cuales yo te daré por hijas, mas no por tu pacto (vv. 60-61).

Observemos que Dios *no* dijo: "Te odiaré con odio santo" ¿Por qué? ¿Por qué no trató a Israel como había tratado a los sodomitas si, según afirmó en el versículo 48, los pecados de Israel eran peores que los de Sodoma? ¿Y por qué no perdonó a Samaria por sus pecados si, como el Señor mismo declaró en el versículo 51: "Samaria no cometió ni la mitad de [los] pecados [de Israel]"?

Fue simple y solamente porque Dios había puesto su amor eterno en Israel. Estos eran los seres a los que había escogido para amar y con quienes había hecho un pacto eterno. Los amaba tan plenamente como tenía capacidad de amar. Ya que en primer lugar el amor de Dios no se debía a nada *digno* que encontrara en los israelitas, nada *indigno* en ellos podía destruir el amor que les tenía. El amor por ellos era eterno e incondicional. Por tanto, era un amor enraizado en Dios mismo. Este es el amor particular de Dios por sus elegidos.

Veamos ahora la conclusión de este capítulo en los versículos 62-63:

Sino por mi pacto que yo confirmaré contigo; y sabrás que yo soy Jehová; para que te acuerdes y te avergüences, y nunca más abras la boca, a causa de tu vergüenza, cuando yo perdone todo lo que hiciste, dice Jehová el Señor.

Dios silenció a la nación de Israel. La redujo a la humillación. ¿Cómo? Al perdonarla, logró esto con su amor. ¿Por qué Dios no perdonó a Sodoma? Porque ellos no eran sus elegidos. ¿Por qué no perdonó a Samaria? Porque no había hecho un pacto con ellos.

Dios ama a quien decide amar. Hace un pacto con quienes ama, y es un pacto eterno realizado en la eternidad pasada, el cual garantiza redención para los destinatarios del amor particular de Dios. Sodoma fue destruida y no fue redimida. Samaria fue igualmente condenada. Pero a Israel, cuyos pecados fueron peores que los de ambas ciudades, Dios la perdonó.

LA FIDELIDAD PERDURABLE DE DIOS

¿Por qué Dios perdonaría a Israel? Porque puso su amor en esa nación *e hizo de ella su posesión*. Los israelitas fueron *propiedad de Dios* en un sentido único: el mismo sentido en que Jesús habla de todos los elegidos: "Yo soy el buen pastor; y conozco mis ovejas, y las mías me conocen" (Jn. 10:14). Su amor por los suyos representa un grado de amor mucho mayor que el amor compasivo que tiene por el mundo entero. Este amor es perfecto. Este amor es comprensivo. Este amor es completo. Este amor es redentor. Este amor es eterno. Es el amor que le hizo poner su vida por los suyos (Jn. 10:15).

El ejemplo que vemos en Ezequiel 16 aplica este amor especial de Dios en un sentido nacional. No obstante, recordemos que "no todos los que descienden de Israel son israelitas" (Ro. 9:6). La elección de Israel por parte de Dios no fue una elección general de cada individuo en la nación. Pero como el apóstol Pablo declara, la promesa se confirmó solo al "que es de la fe de Abraham".

Sin embargo, *hay* un sentido en que la *nación* de Israel fue elegida por Dios sobre toda otra raza, tribu o lengua. "Les ha sido confiada la palabra de Dios" (Ro. 3:2). Así que legítimamente podríamos preguntar: "¿Pues qué, si algunos de ellos han sido incrédulos? ¿Su incredulidad habrá hecho nula la fidelidad de Dios?" (v. 3). Si Israel es elegido, ¿cómo es que la gran mayoría de judíos rechazan ahora a su propio Mesías? "¿Ha desechado Dios a su pueblo?" (Ro. 11:1). Pablo pasa tres capítulos hablando de este mismo tema (Ro. 9—11), justo después de exponer la gran verdad de que el amor de Dios por sus elegidos es inviolable (Ro. 8:35-39). La respuesta del apóstol a la actual incredulidad de Israel no anula la fidelidad de Dios, quien para sus propios fines "visitó por primera vez a los gentiles, para tomar de ellos pueblo para su nombre" (Hch. 15:14). Pero su amor por Israel no ha disminuido.

En primer lugar, Pablo afirma que "aun en este tiempo ha quedado un remanente escogido por gracia" (Ro. 11:5). Dios todavía llama compasivamente a un remanente fiel de entre los israelitas. Hay muchos y son muchos los judíos que reconocen a Jesús como el verdadero Mesías.

Pero en segundo lugar, Pablo nos dice que viene un día en que "todo Israel será salvo, como está escrito: vendrá de Sion el Libertador, que apartará de Jacob la impiedad" (v. 26). En el mayor avivamiento que el mundo haya visto, Dios convertirá un día a toda la nación judía a la fe en su verdadero Mesías. Como Isaías escribió: "Israel será salvo en Jehová con salvación eterna; no os avergonzaréis ni os afrentaréis, por todos los siglos" (Is. 45:17). Al hablar de ese día glorioso, Jeremías añade: "En aquel tiempo llamarán a Jerusalén: Trono de Jehová, y todas las naciones vendrán a ella en el nombre de Jehová en Jerusalén; ni andarán más tras la dureza de su malvado corazón. En aquellos tiempos irán de la casa de Judá a la casa de Israel, y vendrán juntamente de la tierra del norte a la tierra que hice heredar a vuestros padres" (Jer. 3:17-18).

¿Cómo podemos estar seguros de que Dios hará esto? "Este será mi pacto con ellos, cuando yo quite sus pecados" (Ro. 11:27). Él ha pactado eternamente hacerlo, e "irrevocables son los dones y el llamamiento de Dios" (v. 29). Por tanto, "no ha desechado Dios a su pueblo, al cual desde antes conoció" (v. 2). La apostasía actual de Israel no invalida la eternidad del amor de Dios. Tengamos también en cuenta que el amor seleccionador de Dios es tanto individual como colectivo. Aquellos a quienes Él ha elegido son *individuos*. Incluso la elección de Israel implica la elección de un remanente de individuos. Dentro de la nación, Dios trata de manera individual con personas: "Lo que buscaba Israel, no lo ha alcanzado; pero *los escogidos sí lo han alcanzado*, y los demás fueron endurecidos" (Ro. 11:7).

Un poderoso ejemplo de esto se encuentra en el relato del Antiguo Testamento sobre la historia sórdida del adulterio de David con Betsabé. Recordemos que David codició a Betsabé, adulteró con ella, la dejó embarazada, y luego hizo matar al esposo de ella para tratar de cubrir el pecado. Betsabé se convirtió en esposa de David, pero este no se arrepintió de su pecado sino hasta después del nacimiento del niño. Además, el hijo concebido en ese acto de adulterio murió poco después de nacer. La Biblia describe la horrible agonía de David por la muerte de su hijo, que se hizo más amarga por la vergüenza del rey por su pecado. Suponemos que Betsabé estaba igualmente angustiada.

Pero 2 Samuel 12 relata un versículo conmovedor de lo que sucedió después de la muerte de ese niño: "Consoló David a Betsabé su mujer, y llegándose a ella durmió con ella; y ella le dio a luz un hijo, y llamó su nombre Salomón, *al cual amó Jehová*" (v. 24).

He aquí una declaración explícita del amor especial de Dios por un individuo. El Señor *amó* a Salomón. El profeta Natán incluso apodó a Salomón "Jedidías", que significa "amado del Señor", para denotar el amor del Señor por él (v. 25).

Salomón era un bebé recién nacido. Aún no era creyente. Aún no había hecho bien ni mal. Sin embargo, el Señor puso su amor en Salomón, a pesar de que era hijo de una unión pecaminosa que nunca debió haberse realizado.

Tampoco la vida de Salomón fue libre de pecado. Él se sintió atraído por la misma clase de pecado que hizo caer a su padre. La Biblia nos cuenta que Salomón tomó cientos de esposas. Incursionó en idolatría. A pesar de su gran sabiduría, a menudo se comportó con insensatez. Una cosa es segura: Dios no puso su amor en Salomón porque este lo mereciera. Pero el Señor se deleita en derramar las riquezas de su amor en pecadores que no lo merecen. Él es un Dios de gracia. Pone su amor en quien decide, y los atrae hacia Él en amor. A pesar del pecado abundante en la vida de Salomón, este *sí* amaba al Señor (1 R. 3:3). El amor de Dios por Salomón garantizó el amor de Salomón por Dios. "Nosotros le amamos a él, porque él nos amó primero" (1 Jn. 4:19).

Años después de Salomón, Nehemías regresó de Persia para reconstruir los muros de Jerusalén. Cuando Nehemías descubrió que los israelitas estaban casándose con mujeres extranjeras, prohibió tales matrimonios, exclamando: "¿No pecó por esto Salomón, rey de Israel? Bien que en muchas naciones no hubo rey como él, *que era amado de su Dios*, y Dios lo había puesto por rey sobre todo Israel, aun a él le hicieron pecar las mujeres extranjeras" (Neh. 13:26).

¿No es extraño que al mismo tiempo que ponía el pecado de Salomón como un ejemplo negativo que no debía emularse, Nehemías dijera que Salomón "era amado de su Dios"? Pero este es el punto: Dios elige amar a quienes decide amar. Elige *a pesar de* nuestro pecado. El hecho de que Él nos ame no significa que seamos dignos. Pero cuando Dios decide amar de manera redentora y eterna, nos perdona, redime y mantiene en la fe. Su amor simplemente no nos abandonará; nos bendecirá, nos castigará y nos perfeccionará a través del dolor, pero nunca nos soltará.

Además, es *solo* por la gracia de Dios que no se nos deja cosechar las amargas consecuencias de nuestro pecado. Es solo por su gracia que no somos *totalmente* consumidos por la ira divina (Lm. 3:22-23). La gente parece obsesionarse preguntando por qué Dios no eligió a todo el mundo. Pero la pregunta más razonable es por qué de algún modo eligió a alguien, y mucho menos a una gran multitud que nadie puede contar (cp. Ap. 7:9). Alguien diría: "Sin embargo, ¿cómo puedo saber si soy elegido?".

¿Cree usted? ¿Ama al Señor Jesucristo y confía solo en Él (no en las buenas obras que usted haga) para que lo salve? ¿Cree que Él vino al mundo como Dios en cuerpo humano? ¿Cree que murió en una cruz como sacrificio por los pecados y que resucitó al tercer día? ¿Cree que Él es el único que puede borrar la culpa que usted tiene y prepararlo para ser perdonado y vestido en justicia? Si contestó sí, usted fue escogido para ser amado eternamente.

El amor particular de Dios por los suyos es abrumador. Es poderoso. Si usted no se maravilla de este amor, en realidad no ha captado el significado de esta verdad.

Deberíamos estar asombrados, y al igual que Israel, humillados ante tal amor. No tenemos derecho al amor de Dios. Él no nos lo debe. Sin embargo, condescendió en amarnos de todos modos. Si a cambio nuestros corazones no son conmovidos con amor por Dios, hay algo que está terriblemente mal con nosotros. No asombra que Pablo dijera a los efesios:

Por esta causa doblo mis rodillas ante el Padre de nuestro Señor Jesucristo, de quien toma nombre toda familia en los cielos y en la tierra, para que os dé, conforme a las riquezas de su gloria, el ser fortalecidos con poder en el hombre interior por su Espíritu; para que habite Cristo por la fe en vuestros corazones, a fin de que, arraigados y cimentados en amor, seáis plenamente capaces de comprender con todos los santos cuál sea la anchura, la longitud, la profundidad y la altura, y de conocer el amor de Cristo, que excede a todo conocimiento, para que seáis llenos de toda la plenitud de Dios (Ef. 3:14-19).

8

Cómo encontrar seguridad
en el amor de Dios

GEORGE MATHESON, un brillante pastor y compositor escocés del siglo XIX, nació con un defecto en los ojos que se convirtió en ceguera total a sus dieciocho años. Poco después su prometida lo abandonó, decidiendo que no le haría feliz estar casada con un ciego. Fue así como en respuesta a uno de los episodios más sombríos de su vida que Matheson escribió su gran himno acerca de la seguridad del amor de Dios: "Oh Amor que no me dejarás". Rechazado por lo que creía que era amor verdadero, buscó y encontró solaz en el amor inmutable de Dios:

¡Oh! Amor que no me dejarás,
Descansa mi alma siempre en Ti;
Es tuya y Tú la guardarás,
Y en lo profundo de Tu amor,
Más rica al fin será.

El amor de Dios por los suyos simplemente no tiene paralelo en la experiencia humana. Según hemos visto, es un amor poderoso e inmutable que se extiende desde la eternidad pasada a la eternidad futura. Es un amor que no lo disuade nuestra propia rebelión pecaminosa contra Dios. Debido a este amor, Dios nos busca y nos redime aunque moral y espiritualmente somos reprensibles e indignos de su amor en todo sentido: "Dios muestra su amor para con nosotros, en que siendo aún pecadores, Cristo murió por nosotros" (Ro. 5:8).

En otras palabras, el amor de Dios es tan grande que Él no se detendría ante nada para redimir a aquellos a quienes amó, aunque esto significara entregar a su Hijo amado. Es más, el amor de Dios es la garantía suprema de la seguridad del creyente. Muchos pasajes bíblicos enseñan esto de manera explícita. En este capítulo quiero examinar dos pasajes clave que resaltan la seguridad que se encuentra en el amor de Dios. Uno de ellos es una ilustración del amor de Dios a modo de parábola; el otro es un tratamiento doctrinal que exalta la seguridad del amor divino.

LA ILUSTRACIÓN: EL HIJO PRÓDIGO

Empecemos mirando la parábola más conocida de todas: la del hijo pródigo, que se encuentra en Lucas 15. El punto central de la parábola no es en realidad el derroche del hijo, sino el amor anhelante del Padre y el pronto perdón para el hijo rebelde:

> Un hombre tenía dos hijos; y el menor de ellos dijo a su padre: Padre, dame la parte de los bienes que me corresponde; y les repartió los bienes. No muchos días después, juntándolo todo el hijo menor, se fue lejos a una provincia apartada; y allí desperdició sus bienes viviendo perdidamente. Y cuando todo lo hubo malgastado, vino una gran hambre en aquella provincia, y comenzó a faltarle. Y fue y se arrimó a uno de los ciudadanos de aquella tierra, el cual le envió a su hacienda para que apacentase cerdos. Y deseaba llenar su vientre de las algarrobas que comían los cerdos, pero nadie le daba. Y volviendo en sí, dijo: ¡Cuántos jornaleros en casa de mi padre tienen abundancia de pan, y yo aquí perezco de hambre! Me levantaré e iré a mi padre,

y le diré: Padre, he pecado contra el cielo y contra ti. Ya no soy digno de ser llamado tu hijo; hazme como a uno de tus jornaleros. Y levantándose, vino a su padre. Y cuando aún estaba lejos, lo vio su padre, y fue movido a misericordia, y corrió, y se echó sobre su cuello, y le besó (Lc. 15:11-20).

El padre representa a Dios. El hijo menor es el pecador irreligioso y mundano. Representa al pecador que malgasta todo lo que tiene en una vida disoluta e impía. Toma todo lo bueno que su padre le ha dado, desprecia al mismo padre, y malgasta todo su legado en una vida de disipación, inmoralidad y borracheras.

Finalmente, el hijo llega a un punto en medio de su libertinaje en que se da cuenta de que ha tocado fondo. Busca trabajo y solo encuentra uno para alimentar cerdos —una tarea difícilmente aceptable para un judío— y peor, se ve obligado a devorar las algarrobas con que alimenta a los cerdos.

De repente se da cuenta de que esta no es la manera de vivir. Decide volver a casa. Ahora él representa al pecador arrepentido. Está abatido por su vida malgastada, afligido por haber desperdiciado toda la generosidad de su padre, y muy consciente de que ha gastado infructuosamente su juventud en maldad y disipación. Está humillado. Sabe exactamente dónde se encuentra. Ha tenido suficiente de iniquidad. Quizás una vez sintió que enfrentar su pecado delante de su padre le costaría todo; pero ahora sabe que no tiene nada que perder. Decide regresar y ponerse a cuentas con su padre, o al menos encomendarse a su misericordia.

La respuesta del padre ilustra el amor de Dios hacia el pecador penitente. Incluso cuando el joven derrochador aún se encuentra lejos, el padre lo ve (lo cual significa que había estado buscando a su hijo rebelde). El padre "corrió, y se echó sobre su cuello, y le besó" (v. 20). El tiempo verbal indica que lo besó una y otra vez. He aquí tierna misericordia. He aquí perdón. He aquí compasión. He aquí un padre tratando al hijo como si el tiempo no hubiera pasado, y como si sus pecados hubieran sido lanzados a las profundidades del mar, puestos tan lejos como el este del oeste, y olvidados. He aquí un afecto desbordado, un amor incondicional. La respuesta del padre es notable. No hay desconfianza. No hay titubeo. No hay emoción contenida ni frialdad sutil. Solo hay amor comprensivo, anhelante, puro e incontrolable. El padre ama en gran manera a su hijo rebelde. Lo ama profusamente. Lo ama grandiosamente.

El hijo parece asombrado por esto. Empieza el discurso que ha ensayado: "Padre, he pecado contra el cielo y contra ti, y ya no soy digno de ser llamado tu hijo" (v. 21). Es casi como si no pudiera tratar con el tierno afecto de su padre. El hijo está consumido por su propia sensación de indignidad. Se halla en medio de una profunda humillación. Se encuentra totalmente consciente de la gravedad de su pecado. Después de todo, se había visto reducido a comer con cerdos. Ahora, recibir los besos de un padre amoroso debió haber aumentado su sensación de vergüenza total.

La misericordia del padre era en todo caso aún más humillante que la conciencia del hijo pródigo acerca de su propio pecado. El joven sabía en su corazón que no merecía nada. Así que confesó: "Ya no soy digno de ser llamado tu hijo".

Pero aquí nos interesa principalmente la respuesta del padre. Veamos que ni siquiera respondió a la perplejidad del hijo:

> Pero el padre dijo a sus siervos: Sacad el mejor vestido, y vestidle; y poned un anillo en su mano, y calzado en sus pies. Y traed el becerro gordo y matadlo, y comamos y hagamos fiesta; porque este mi hijo muerto era, y ha revivido; se había perdido, y es hallado. Y comenzaron a regocijarse (vv. 22-24).

El padre no le presta ninguna atención a la confesión de indignidad del hijo penitente. Simplemente ordena a sus criados que empiecen la celebración. Cubre de favores al hijo pródigo. Le da la mejor túnica. Le pone un anillo en la mano. Le consigue sandalias para los pies. Y mata el ternero cebado.

Desde luego, hay mucho más que podría decirse de esta parábola. Hay ricas lecciones espirituales que pueden extraerse de la naturaleza del arrepentimiento del pródigo, de la respuesta del hermano mayor, y de muchos otros aspectos de la parábola. Pero el punto que nos interesa aquí es cómo representó Jesús el amor de Dios hacia el pecador arrepentido.

El amor de Dios es como el amor de este padre. No es ínfimo sino total. No es restringido. Es extravagante. No se otorga en moderación. No hay nada cohibido; solo amor puro, sin ningún resentimiento o distanciamiento. El padre recibe al hijo rebelde como un hijo privilegiado, no como un criado humilde.

Sobre todo, el amor del padre fue un amor incondicional que la rebelión del hijo no pudo disminuir. A pesar de todo lo que el joven había hecho para merecer la ira de su padre, este respondió con amor incondicional. Aunque quizás el joven no se dio cuenta mientras languidecía en el país lejano, no podía separarse de un padre tan amoroso. Ni siquiera sus grandes pecados pudieron en última instancia separarlo del amor de su padre.

El apóstol Pablo enseñó una lección parecida en una de las grandes secciones doctrinales de las Escrituras: Romanos 8:31-39. Ese pasaje es un clímax apropiado para nuestro estudio.

LA DOCTRINA: ROMANOS 8

Todos los escritos del apóstol Pablo son didácticos y doctrinales. La mayoría de sus epístolas empiezan con una sección de doctrina pura y culminan con una de aplicación práctica. El libro de Romanos es el gran tratado de Pablo sobre la justificación por fe. La sección doctrinal de este libro es una exposición completa, sistemática y lógica de la doctrina de justificación. Alcanza su apogeo al final de Romanos 8, donde Pablo analiza la seguridad del creyente:

¿Qué, pues, diremos a esto? Si Dios es por nosotros, ¿quién contra nosotros? El que no escatimó ni a su propio Hijo, sino que lo entregó por todos nosotros, ¿cómo no nos dará también con él todas las cosas? ¿Quién acusará a los escogidos de Dios? Dios es el que justifica. ¿Quién es el que condenará? Cristo es el que murió; más aun, el que también resucitó, el que además está a la diestra de Dios, el que también intercede por nosotros (Ro. 8:31-34).

Pongamos este pasaje en su contexto inmediato: Uno de los temas principales de Romanos 8 es que la salvación es totalmente obra de Dios. Los versículos 7-8 declaran el estado indefenso de toda persona no redimida: "Los designios de la carne son enemistad contra Dios; porque no se sujetan a la ley de Dios, ni tampoco pueden; y los que viven según la carne no pueden agradar a Dios". Por tanto, el pecador está atrapado en su propia e insuperable pérdida, a menos que Dios intervenga para salvarlo.

Y como afirma Pablo, eso es precisamente lo que sucede. Dios mismo organiza la salvación desde la eternidad pasada hasta la eternidad futura: "A los que antes conoció, también los predestinó para que fuesen hechos conformes a la imagen de su Hijo, para que él sea el primogénito entre muchos hermanos. Y a los que predestinó, a éstos también llamó; y a los que llamó, a éstos también justificó; y a los que justificó, a éstos también glorificó" (vv. 29-30).

Cada etapa del proceso es obra de Dios. Hay una tremenda cantidad de seguridad en eso. Si nuestra salvación es obra de Dios, y no nuestra, podemos estar seguros de que Él la verá completamente realizada. "El que comenzó en vosotros la buena obra, la perfeccionará hasta el día de Jesucristo" (Fil. 1:6). Los creyentes están "guardados por el poder de Dios mediante la fe, para alcanzar la salvación que está preparada para ser manifestada en el tiempo postrero" (1 P. 1:5). Dios es tanto el Autor como el Consumador de nuestra salvación, y personalmente garantiza que perseveraremos en fe hasta el final.

Por cierto, eso no significa que los creyentes nunca caerán en pecado. Sabemos por las vidas de santos tales como David y Salomón que es posible para los creyentes pecar en maneras vergonzosas. Pero lo que se garantiza es que ningún creyente verdadero puede desviarse total y definitivamente de la fe. Los creyentes verdaderos no pueden caer en la incredulidad. No pueden apartarse por completo de Cristo. Dios disciplinará a sus hijos que pecan (He. 12:7-8), pero incluso esa disciplina es una muestra del amor de Dios, no de su ira: "El Señor al que ama, disciplina, y azota a todo el que recibe por hijo" (He. 12:6). Los creyentes verdaderos no pueden separarse del amor de Dios. Dios mismo garantiza eso. Según Jesús dijera: "Yo les doy vida eterna; y no perecerán jamás, ni nadie las arrebatará de mi mano. Mi Padre que me las dio, es mayor que todos, y nadie las puede arrebatar de la mano de mi Padre" (Jn. 10:28-29).

Los creyentes profesos que se apartan solo prueban que, para empezar, su fe nunca fue auténtica: "Salieron de nosotros, pero no eran de nosotros; porque si hubiesen sido de nosotros, habrían permanecido con nosotros; pero salieron para que se manifestase que no todos son de nosotros" (1 Jn. 2:19). Ese versículo no habla de personas que cayeron en tentación y pecaron, sino de aquellos que se alejan de manera total y definitiva de la fe. Estas son personas que abandonaron totalmente la fe. Los creyentes verdaderos no son capaces de tal traición espiritual. De manera misericordiosa y amorosa, Dios les asegura su perseverancia. Al igual que Pedro, podemos ser azotados como trigo, pero si nuestra fe es auténtica, no fallará (cp. Lc. 22:31-32).

Pablo declara aquí en Romanos 8 que el amor de Dios es la máxima garantía de que todo creyente verdadero perseverará en la fe. Él utiliza una sucesión de argumentos, basados todos en la verdad de que la salvación es exclusivamente obra de Dios.

Dios está por nosotros

"¿Qué, pues, diremos a esto? Si Dios es por nosotros, ¿quién contra nosotros?" (v. 31). El argumento es simple: Si Dios está obrando para salvarnos, nada frustrará la obra. Cualquier cosa que Dios emprenda se logrará con certeza. Y si Dios está de nuestra parte, no importa quién esté del otro lado. La parte de Dios saldrá victoriosa. Si Dios está por nosotros, nadie puede oponérsenos.

Alguien ha dicho que Dios más uno equivale a mayoría. La verdad es que Dios por sí solo hace mayoría. Si todas las criaturas del universo material e inmaterial se pusieran de acuerdo para oponerse juntas a Dios, aun así Él no sería derrotado. Dios es infinitamente más grande, más santo, más sabio y más poderoso que el conjunto de toda su creación.

Entonces el hecho de que Dios esté obrando para salvarme asegura el resultado. Si mi salvación dependiera de mí, yo tendría mucho que temer. Si mi redención dependiera en algún modo de mis habilidades, estaría perdido. Como cualquier pecador, tiendo a la desobediencia, a la incredulidad y a la debilidad. Si dependiera solo de mí mantenerme en el amor de Dios, sin duda yo fracasaría.

En este punto alguien podría señalar lo que Judas 21 declara: "Conservaos en el amor de Dios". ¿Significa eso que dependemos de nuestro propio poder de permanencia para conservarnos dentro del ámbito del amor de Dios? Por supuesto que no, Judas reconoce solo tres versículos más adelante que solo Dios "es poderoso para guardaros sin caída, y presentaros sin mancha delante de su gloria con gran alegría" (v. 24).

Pablo afirma que con Dios de nuestro lado nadie puede oponérsenos. Esto repite un tema reiterado de los salmos. David escribió: "Jehová es mi luz y mi salvación; ¿de quién temeré? Jehová es la fortaleza de mi vida; ¿de quién he de atemorizarme?" (Sal. 27:1). Salmos 46 declara: "Dios es nuestro amparo y fortaleza, nuestro pronto auxilio en las tribulaciones. Por tanto, no temeremos... Jehová de los ejércitos está con nosotros; nuestro refugio es el Dios de Jacob" (vv. 1-2, 11). Y el estribillo repetido de Salmos 80 sugiere que cuando el Señor hace que su rostro brille sobre nosotros, "*seremos salvos*" (vv. 3, 7, 19). No hay duda de eso. Cuando el Señor se propone lograr algo, ¿quién puede oponérsele?

Si alguien pudiera robarnos nuestra salvación, esa persona tendría que ser más grande que Dios mismo. Dios está por nosotros. Él ha puesto su amor en nosotros. Ningún ser humano, ningún ángel y ni siquiera Satanás mismo pueden alterar eso. Entonces, si Dios está por nosotros, no importa quién esté contra nosotros.

Sin embargo, si alguien pregunta: ¿No pueden los cristianos salirse de la gracia de Dios? ¿Qué hay de aquellos que cometen pecados abominables? ¿No anulan la obra de redención en sí mismos? ¿No pierden el amor de Dios?

Ciertamente no. Esa clase de pensamiento plantea una situación imposible. Recordemos que no nos ganamos la salvación por nuestros esfuerzos, por tanto, es absurdo pensar que podemos perderla por algo que hagamos. En primer lugar, no elegimos a Dios; Él nos eligió (Jn. 15:16). Somos atraídos a Cristo solo por el amor redentor de Dios (Jer. 31:3). Su amor sigue atrayéndonos y sosteniéndonos. Esto es lo que Pablo enseña en Romanos 8. El amor de Dios garantiza nuestra seguridad. Ese mismo amor también garantiza nuestra perseverancia. "Nosotros le amamos a él, porque él nos amó primero" (1 Jn. 4:19). Ahora "el amor de Cristo nos constriñe" (2 Co. 5:14). Y continuamos en la fe porque estamos protegidos por su poder (1 P. 1:5). Por tanto, su propio amor nos asegura que no podemos hacer nada para alejarnos de su gracia.

No podemos perder el amor de Dios más de lo que el hijo pródigo podía destruir el amor de su padre por él. Igual que el padre del hijo pródigo, Dios nos ama de forma constante. Nos perdona con anhelo, nos ama con generosidad, y no nos trata de acuerdo con nuestros pecados ni nos recompensa según nuestras iniquidades (Sal. 103:10). Además, Él hace algo que el padre del hijo pródigo no podía hacer: Soberanamente nos atrae hacia Él. Su amor es como una cuerda que nos atrae de forma inexorable hacia Él (Os. 11:4). Dios "nos escogió en [Cristo] antes de la fundación del mundo, para que fuésemos santos y sin mancha delante de él, en amor habiéndonos predestinado para ser adoptados hijos suyos por medio de Jesucristo, según el puro afecto de su voluntad" (Ef. 1:4-5). "Y a los que predestinó... a éstos también glorificó" (Ro. 8:30). Él ve el proceso hasta el final. Nuestra salvación es la obra de Dios, quien es "por nosotros", y nadie puede impedirle que logre lo que ha decidido hacer.

Cristo murió por nosotros

He aquí más prueba de que estamos eternamente seguros: "El que no escatimó ni a su propio Hijo, sino que lo entregó por todos nosotros, ¿cómo no nos dará también con él todas las cosas?" (Ro. 8:32). Dios nos ama cueste lo que cueste. Pensemos en lo que el amor de Dios por nosotros ya le costó: Entregó a su amado Hijo para que muriera a fin de lograr nuestra salvación. Después de haber pagado un precio tan grande para redimirnos, Él no permitirá que el proceso se detenga antes de la meta. Y si Él ya nos ha dado lo mejor y más preciado a nuestro favor, ¿por qué algo nos retendría ahora?

¿Redimiría Dios a pecadores a costo de la sangre de su propio Hijo, y luego echaría a un lado a esos mismos creyentes comprados con sangre? Tras darnos salvación a tan grande precio, ¿nos negaría alguna gracia? ¿No terminará lo que empezó?

Y pensemos en esto: Dios entregó a Cristo para que muriera por nosotros "siendo aún pecadores" (Ro. 5:8). ¿Nos volvería la espalda ahora que estamos justificados? Si no nos despreció cuando éramos pecadores rebeldes, ¿nos dejará de lado ahora que somos sus hijos? "Si siendo enemigos, fuimos reconciliados con Dios por la muerte de su Hijo" (Ro. 5:10), ¿no parece razonable que Él hará todo lo que sea necesario para mantenernos en el redil ahora que estamos reconciliados? Si en primer lugar nos dio gracia para confiar en Cristo, con seguridad nos dará gracia para evitar que nos apartemos.

El Salmo 84:11 declara: "Sol y escudo es Jehová Dios; gracia y gloria dará Jehová. No quitará el bien a los que andan en integridad". Dios no es mezquino con su gracia, y la prueba de eso se ve en el sacrificio de Cristo por nosotros. "Él da mayor gracia" (Stg. 4:6).

El sacrificio de Cristo está eternamente ligado al amor de Dios por los elegidos. ¿Sabe usted que en la eternidad pasada, antes que Dios hubiera incluso comenzado la obra de creación, Él prometió redimir a los elegidos? Tito 1:2 dice que la promesa de vida eterna se hizo "antes del principio de los siglos", literalmente, antes del inicio del tiempo. Por tanto, esto habla de una promesa divina hecha antes que cualquier cosa fuera creada.

¿Quién hizo esta promesa y con quién se hizo? Ya que se la hizo antes que la creación iniciara, solo hay una respuesta posible: fue una promesa hecha entre los tres miembros de la Deidad. Dios el Padre, Dios el Hijo y Dios el Espíritu prometieron entre sí redimir a la humanidad caída.

El plan de redención fue hecho no después de la caída de Adán sino antes del comienzo de la creación. Esto es coherente con todo lo que la Biblia enseña acerca de la elección. Los salvos son elegidos en Cristo "antes de la fundación del mundo" (Ef. 1:4). "[Dios] nos... llamó... en Cristo Jesús antes de los tiempos de los siglos" (2 Ti. 1:9). El reino eterno está preparado para ellos "desde la fundación del mundo" (Mt. 25:34). Cristo fue predestinado para derramar su sangre por ellos "desde el principio del mundo" (1 P. 1:20). Los nombres de los elegidos están escritos en el libro de la vida "antes de la creación del mundo" (Ap. 13:8; 17:8).

Esto no significa que el plan de redención sea algo imprevisto.

No es un plan B. No es una estrategia alternativa. *Es* el plan de Dios, el mismo propósito para el cual nos creó. Además, significa que los elegidos son el regalo de amor de Dios para su Hijo. Por eso Cristo se refiere a ellos como "los que me diste" (Jn. 17:9, 24; 18:9). El Padre ha dado los elegidos a Cristo como regalo de amor, y por eso ninguno de ellos se perderá. Tanto el Padre como el Hijo obran juntos para asegurar el cumplimiento de su plan eterno de redención. Esto certifica aún más la salvación de todos los elegidos, porque como Jesús declaró: "Todo lo que el Padre me da, vendrá a mí; y al que a mí viene, no le echo fuera... esta es la voluntad del que me ha enviado: Que todo aquél que ve al Hijo, y cree en él, tenga vida eterna; y yo le resucitaré en el día postrero" (Jn. 6:37, 40).

Así que el mismo Cristo promete ver el plan divino de redención hasta el final. Tras morir como sustituto por aquellos que el Padre le dio, Él promete ver el proceso hasta la consumación final en gloria. De igual modo, al haber dado a su Hijo para que muriera por nosotros, el Padre no retendrá ahora nada que sea necesario para completar nuestra redención.

Dios mismo nos justifica

Recordemos que el tema de la epístola de Pablo a los Romanos es justificación por fe. El apóstol comenzó el capítulo 8 con una declaración crucial sobre la justificación: "Ninguna condenación hay para los que están en Cristo Jesús". Hay gran riqueza teológica en ese versículo. Junta todos los hilos de la verdad acerca de la justificación que el apóstol había estado entretejiendo en los capítulos anteriores.

Pablo había estado enseñando a los romanos que la justificación es un acontecimiento legal en el que Dios perdona los pecados de aquellos que creen y les atribuye una justicia perfecta. Por ejemplo, en el capítulo 4 habló de los creyentes como "aquellos cuyas iniquidades son perdonadas, y cuyos pecados son cubiertos" (Ro. 4:7). El Señor no les toma en cuenta sus pecados (v. 8). Y lo que es más, son aceptados y declarados justos (v. 11). Por tanto, ellos se presentan delante de Dios sin temor de su justo juicio (Ro. 8:1). Todo esto depende del hecho de que estén "en Cristo"; es decir, que se hayan unido a Él por fe. Pablo ya delineó esta doctrina en Romanos 6:3-5.

Consideremos entonces las implicaciones de esta doctrina: A los que están "en Cristo" se les ha perdonado por completo los pecados; tienen todo el mérito de Cristo mismo imputado a cuenta de ellos. Dios mismo se ha comprometido a justificarlos. Cristo ha logrado redención a favor de ellos, quienes se mantienen en el favor de Dios solo porque Él decidió mostrarles misericordia, no debido a algo que hicieran para ganarla. Por eso Pablo pregunta que si Dios no los declara culpables, ¿quién ha de condenarlos? "¿Quién acusará a los escogidos de Dios? Dios es el que justifica. ¿Quién es el que condenará?" (8:33-34).

Hay tremenda cantidad de seguridad en la doctrina de justificación por fe. Es por esta doctrina que podemos descansar en nuestra salvación como un hecho consumado. Jesús expresó: "De cierto, de cierto os digo: El que oye mi palabra, y cree al que me envió, *tiene vida eterna; y no vendrá a condenación, mas ha pasado de muerte a vida*" (Jn. 5:24). Como declara Pablo: "*Ninguna condenación hay para los que están en Cristo Jesús*" (Ro. 8:1). Es un trato hecho, no una meta que intentamos lograr. La vida eterna es una posesión actual, no una esperanza futura. Y nuestra justificación es una declaración que se lleva a cabo en la corte celestial, por lo que ningún juez terrenal puede alterar el veredicto. Cuando Dios mismo declara: "No culpable", ¿quién puede decir lo contrario?

Nuestro sacerdote celestial intercede por nosotros

La obra continua de Cristo es una razón más de que no podemos perder el favor de Dios. Pablo escribe: "Cristo es el que murió;

más aun, el que también resucitó, el que además está a la diestra de Dios, el que también intercede por nosotros" (v. 34).

¿Se dio cuenta usted de que Jesús hace intercesión continua por todos los creyentes? Hebreos 7:25, haciéndose eco del pensamiento de Pablo en Romanos 8:34, expresa: "[Jesús] puede también salvar perpetuamente a los que por él se acercan a Dios, viviendo siempre para interceder por ellos". La intercesión continua de Jesús por nosotros garantiza nuestra salvación "para siempre", es decir, perpetuamente.

¿Cómo intercede Cristo por nosotros? Sin duda lo que Él ora es similar a la oración del gran sumo sacerdote registrada en Juan 17. Él ora por nuestra seguridad (Jn. 17:11-12). Ora porque podamos estar en el mundo sin ser del mundo (vv. 14-15). Ora porque seamos protegidos del mal (v. 15). Ora por nuestra santificación (v. 17). Ora porque seamos uno con Él, uno con el Padre y uno entre nosotros (vv. 21-23). En resumen, Él está orando porque nos mantengamos en la fe, porque no perezcamos jamás, y porque nadie nos arrebate de su mano (Jn. 10:28).

¿Será respondida esa oración? Sin duda. Es más, negar que el creyente esté seguro en Cristo y en el amor de Dios es negar que la obra sacerdotal de Cristo sea suficiente. Y dudar de que el creyente pueda perder el favor de Dios es malinterpretar el amor de Dios por sus elegidos.

LA CONCLUSIÓN: NADA PUEDE SEPARARNOS DEL AMOR DE DIOS EN CRISTO JESÚS

La energía que ha dirigido el plan divino de redención desde la eternidad pasada fluye del poder del amor de Dios. Él nos escogió y nos predestinó "en amor" (Ef. 1:4-5). Únicamente "por su gran amor con que nos amó" es que nos resucitó de nuestro estado desesperado de muerte espiritual (Ef. 2:4). Es porque nos amó con amor eterno que nos atrajo hacia sí mismo (Jer. 31:3). Cristo murió debido al amor de Dios por nosotros (Ro. 5:8).

En otras palabras, la elección es la máxima expresión del

amor de Dios hacia la humanidad pecadora. Algunas personas detestan esta doctrina. Luchan contra ella, tratan de explicarla, o afirman que no es justa. Algunos incluso afirman que es una forma de tiranía, que es fatalista, o que infringe la voluntad humana. Pero en realidad la doctrina de la elección tiene que ver con el amor eterno e inviolable de Dios.

¿Es tiranía? Ciertamente no. La soberanía de Dios no es la soberanía de un tirano, sino la amorosa providencia de un Dios compasivo. Según hemos visto, no se complace en la destrucción de los malvados, sino que se complace en que ellos se arrepientan y se vuelvan a Él en busca de misericordia (Ez. 33:11). Él derrama bendiciones sobre los malvados y los justos por igual (Mt. 5:45). Su misma bondad es un llamado a los malvados para que se arrepientan (Ro. 2:4). Él llora por quienes rechazan sus misericordias (Lc. 13:34). ¿Por qué no eligió Dios a todos para salvación? No se nos dice, pero la respuesta no es, por supuesto, debido a alguna deficiencia o falta en el amor de parte de Dios.

¿Qué decir sobre la acusación de que la doctrina de la elección es fatalismo? B. B. Warfield afirma que esta acusación por lo general la formulan individuos que "desean ser los arquitectos de sus propias fortunas, los que determinan sus propios destinos; aunque desconcierta comprender por qué se imaginan que pueden lograrlo por sí mismos antes que confiar en que Dios lo haga por ellos".[1] El fatalismo es la idea de que todo está controlado por una fuerza impersonal o irracional: el destino. Dios es soberano, pero de ninguna manera es impersonal o irracional. La diferencia entre el fatalismo y la doctrina bíblica de la soberanía divina es realmente bastante profunda. Es cierto, según enseña la Biblia, Dios "hace todas las cosas según el designio de su voluntad" (Ef. 1:11), y Él hará todo lo que quiere (Is. 46:10). Sin embargo, no gobierna de forma arbitraria o caprichosa.

Dios tampoco impone su voluntad soberana en una manera

---

1. B. B. Warfield, *Selected Shorter Writings* (Phillipsburg, New Jersey: Presbyterian & Reformed), p. 393.

que violente la voluntad de las criaturas.[2] La ejecución de su plan eterno de ningún modo restringe la libertad de nuestras decisiones ni disminuye nuestra responsabilidad cuando tomamos malas decisiones. La incredulidad no se obliga a nadie. Aquellos que van a la eternidad sin Cristo toman su propia decisión según sus propios deseos. No están bajo ninguna compulsión de Dios hacia el pecado. "Cuando alguno es tentado, no diga que es tentado de parte de Dios; porque Dios no puede ser tentado por el mal, ni él tienta a nadie" (Stg. 1:13). Los que deciden no creer toman esa decisión en total acuerdo con sus propios deseos.

¿Qué en cuanto a que la doctrina de la elección no es justa? En un sentido, hay algo de verdad en esto. "Justo" significa que todos obtienen exactamente lo que merecen. Pero nadie quiere realmente eso. Incluso los no elegidos enfrentarían un castigo más severo si no fuera por la gracia restrictiva de Dios que les impide expresar su depravación en toda su extensión.

La justicia no es el tema sino la *gracia*. La elección es la mayor expresión de la misericordia amorosa de Dios. Él no tenía que elegir a nadie. Después de todo, Él es Dios. Si decide poner su amor en una manera particular sobre quien decide ponerlo, tiene todo el derecho de hacerlo.

Pero para los cristianos, saber que somos salvos debido a la decisión de Dios es la fuente suprema de seguridad. Si Dios nos amó desde la eternidad pasada, y Él es inmutable, entonces podemos saber que su amor por nosotros en la eternidad futura no disminuirá.

Esto es precisamente lo que Pablo dice en Romanos 8 cuando concluye su discurso sobre la seguridad del creyente. Los últi-

---

2. *La Confesión de fe de Westminster*, un documento fuertemente calvinista, refuerza este mismo punto: "Dios, desde la eternidad, por el sabio y santo consejo de su voluntad, ordenó libre e inalterablemente todo lo que sucede; y sin embargo, lo hace de tal manera que ni Dios es autor del pecado, ni hace violencia a la voluntad de las criaturas, ni quita la libertad o contingencia de las causas segundas, sino que las establece" (3.1).

mos versículos de este pasaje se leen como un himno sobre el amor de Dios:

> ¿Quién nos separará del amor de Cristo? ¿Tribulación, o angustia, o persecución, o hambre, o desnudez, o peligro, o espada? Como está escrito: por causa de ti somos muertos todo el tiempo; somos contados como ovejas de matadero. Antes, en todas estas cosas somos más que vencedores por medio de aquel que nos amó. Por lo cual estoy seguro de que ni la muerte, ni la vida, ni ángeles, ni principados, ni potestades, ni lo presente, ni lo por venir, ni lo alto, ni lo profundo, ni ninguna otra cosa creada nos podrá separar del amor de Dios, que es en Cristo Jesús Señor nuestro (Ro. 8:35-39).

Al escribir a los efesios, Pablo describió la vida cristiana como una guerra espiritual: "No tenemos lucha contra sangre y carne, sino contra principados, contra potestades, contra los gobernadores de las tinieblas de este siglo, contra huestes espirituales de maldad en las regiones celestes" (Ef. 6:12). Fuerzas inicuas, personas diabólicas y circunstancias malvadas conspiran para atacar a cada creyente. A veces parece como si todas las fuerzas del infierno estuvieran dispuestas contra nosotros. Eso sería desalentador, excepto que como Pablo señala en Romanos 8, el resultado está garantizado.

Nada puede separarnos del amor de Dios en Cristo: ni pruebas terrenales como "Tribulación, o angustia, o persecución, o hambre, o desnudez, o peligro, o espada" (v. 35), ni siquiera los enemigos celestiales: "ni la muerte, ni la vida, ni ángeles, ni principados, ni potestades, ni lo presente, ni lo por venir, ni lo alto, ni lo profundo, ni ninguna otra cosa creada" (vv. 38-39). "En todas estas cosas somos más que vencedores por medio de aquel que nos amó" (v. 37). Esta es una situación en que no se puede perder... debido al amor de Dios.

Las varias amenazas que el apóstol describió no eran dilemas hipotéticos en lo que a él concernía. Tribulación, angustia, persecución, hambre, desnudez, espada —Pablo había enfrentado todas esas dificultades—, además de otras.

En azotes sin número; en cárceles más; en peligros de muerte muchas veces. De los judíos cinco veces he recibido cuarenta azotes menos uno. Tres veces he sido azotado con varas; una vez apedreado; tres veces he padecido naufragio; una noche y un día he estado como náufrago en alta mar; en caminos muchas veces; en peligros de ríos, peligros de ladrones, peligros de los de mi nación, peligros de los gentiles, peligros en la ciudad, peligros en el desierto, peligros en el mar, peligros entre falsos hermanos; en trabajo y fatiga, en muchos desvelos, en hambre y sed, en muchos ayunos, en frío y en desnudez (2 Co. 11:23-27).

Y el apóstol había salido de esas pruebas con una confianza inquebrantable en el amor de Dios.

El pueblo de Dios siempre ha padecido. En Romanos 8:36, Pablo cita el Salmo 44:22 a manera de recordatorio: "Por causa de ti somos muertos todo el tiempo; somos contados como ovejas de matadero". El amor de Dios no garantiza necesariamente comodidad terrenal. Pero los padecimientos de este mundo están más que compensados por las recompensas del amor divino en felicidad eterna. Como Pablo escribiera antes en Romanos 8: "tengo por cierto que las aflicciones del tiempo presente no son comparables con la gloria venidera que en nosotros ha de manifestarse" (v. 18; cp. 2 Co. 4:17).

"La gloria venidera que en nosotros ha de manifestarse" es la gloria de Dios. Como dijimos al final del capítulo 5, cada aspecto del amor de Dios declara su gloria. El amor general de Dios hacia toda la humanidad revela su bondad básica. El hecho de que este amor sea despreciado por quienes no creen, de ninguna manera disminuye la gloria de Dios. Incluso la ira de hombres pecadores lo alabarán (Sal. 76:10).

Pero las riquezas de la bondad y la gloria de Dios se revelan más claramente en la salvación de los elegidos, una gran multitud que ningún hombre podría siquiera contar (Ap. 7:9). "Tenemos [la esperanza] como segura y firme ancla del alma, y que penetra hasta dentro del velo" (He. 6:19).

LA SUMA DE TODO: DIOS ES AMOR

Dios *es* amor. Su misericordia es sobre todas sus obras. Él manifiesta su amor a todos. Pero la expresión más elevada de su amor se manifiesta a aquellos a quienes por pura gracia atrae amorosamente hacia sí.

Por tanto, para quienes creemos, el amor de Dios es una realidad única y preciosa, aunque insondable. No hay manera en que podamos escalar su altura. No hay forma en que podamos imaginar su amplitud o abarcar su anchura. Sin embargo, por la gracia de Dios podemos conocer el amor de Cristo, que supera todo conocimiento (Ef. 3:18-19).

Nos beneficiamos a diario de la bondad del amor de Dios. Él "nos da todas las cosas en abundancia para que las disfrutemos" (1 Ti. 6:17). Más que eso, su amor se derrama en nuestros corazones (Ro. 5:5). No conozco una mayor fuente de consuelo, ni bases más seguras para nuestra seguridad, ni una fuente más abundante de contentamiento.

¿Por qué todo esto es tan importante? En última instancia, el amor de Dios es la base para todas nuestras esperanzas. Es el objeto de nuestros anhelos más profundos. Es el origen y el cumplimiento de nuestra fe. Es la base misma de su gracia para nosotros. Después de todo, nosotros lo amamos porque Él nos amó primero (1 Jn. 4:19). Y su amor también es nuestra mayor garantía de felicidad eterna. Ya que nos amó tanto como para enviar a su Hijo a morir por nosotros aunque aún éramos sus enemigos, no tenemos ninguna razón para tener miedo de perder ese amor, ahora que su Espíritu ha sido enviado a nuestros corazones, lo cual nos permite clamar: "¡Abba, Padre!" (Gá. 4:6). Su amor impregna y envuelve absolutamente cada aspecto de nuestras vidas en Cristo.

Entonces, como cristianos debemos ver que todo lo que disfrutamos en la vida —desde nuestros placeres más pequeños hasta la redención eterna que encontramos en Cristo— es una expresión del amor con que Dios nos amó (Ef. 2:4). La bendición de su amor nos llega no porque la merezcamos sino simple y llanamente por su misericordia soberana. Porque sin duda no merecemos su bendición sino todo lo contrario. No obstante, Él derrama su amor sin medida, y estamos invitados a participar libremente de sus beneficios.

Como destinatarios de un amor como ese, solo podemos caer de bruces en asombro. Al contemplar tal amor, deberíamos sentirnos indignos. Pero al mismo tiempo este amor nos levanta hasta alturas inimaginables de gozo y confianza, porque sabemos que nuestro Dios, el Juez justo de todo el universo, Aquel a quien hemos entregado por fe el bienestar de nuestras almas, se ha revelado como un Dios de inmenso amor. Y nosotros *somos* los objetos de ese amor, ¡a pesar de nuestra indignidad y de nuestro pecado! A la luz de las glorias del amor divino, ¿cómo podemos no estar totalmente sumidos en gran asombro, amor y alabanza?

Apéndice I

No hay enojo en Dios

Nota del editor: Este tratado clásico de Thomas Chalmers, pastor en Glasgow y profesor de teología en la universidad de Edimburgo durante la primera mitad del siglo XIX, fue adaptado de uno de sus sermones más conocidos.

Todas las referencias bíblicas en este apéndice vienen de la RVR1960, a excepción de Isaías 27:4-5, que usa la RVR1995.

No hay enojo en mí. ¿Quién pondrá contra mí en batalla espinos y cardos? Yo los pisotearé y los quemaré a todos juntos. ¿O se acogerá alguien a mi amparo? ¡Que haga conmigo paz!, ¡sí, que haga la paz conmigo! (Is. 27:4-5, RVR1995).

Hay tres lecciones distintas en este texto. La primera, que en Dios no hay enojo; la segunda, que Él no quiere glorificarse por la muerte de los pecadores ("¿Quién pondrá contra mí en batalla espinos y cardos?"); y la tercera, la invitación ("¡Que haga conmigo paz!, ¡sí, que haga la paz conmigo!").

No hay enojo en Dios

"No hay enojo en mí", declara el Señor. Pero ¿cómo puede ser esto? ¿No es el enojo una manifestación de sus atributos esenciales? ¿No leemos repetidamente de su ira y su furor que se derraman en las calles de Jerusalén (Jer. 44:6); enojo de Dios lanzando la furia de su ira sobre el mundo (Job 20:23); de Él enviando el ardor de su ira sobre sus enemigos (Is. 59:18); de Él encendiendo el fuego de su enojo en Sion (Lm. 4:11); de Él derramando su furia como un fuego (Lm. 2:4)? Por tanto, no debemos pensar que el enojo esté desterrado por completo de la administración de Dios. Hay ocasiones en que este enojo se descarga contra los objetos de la ira de Dios; y debe haber otras ocasiones en que no hay enojo en Él.

Ahora, ¿cuál es la ocasión a la que nuestro texto se refiere cuando Dios rechaza todo enojo? Él está invitando a los hombres a reconciliarse. Está llamándolos a hacer la paz con Él. Está asegurándoles que si entran al amparo divino, pueden estar en paz con Dios.

En los versículos anteriores, el Señor habla de una viña. Cuando Él invita al pueblo a que se acoja a su amparo, en realidad está invitando a entrar a los que están fuera de los límites de la viña. El enojo será descargado sobre los que rechazan la invitación. Pero no podemos decir que no hay ningún ejercicio de ira en Dios el momento de entregar la invitación. Es más, nuestro texto declara explícita y directamente la aseveración de Dios acerca de lo contrario.

En vez de enojo, hay un deseo nostálgico delante de nosotros. Hay un anhelo de salvarnos de ese horrible día en que la ira de un Salvador rechazado se extenderá sobre todos los que lo han despreciado. El tono de la invitación no es de enojo sino de ternura. La mirada que acompaña la invitación no es de ira sino de afecto. Sin duda será una ocasión en que la furia de Dios se derramará sobre aquellos que se han rebelado contra Él y se han alejado en incredulidad y desprecio ante la suplicante voz del Creador. Pero mientras Él levanta esta voz y envía mensajeros por la faz de la tierra para hacer circular su misericordiosa invitación entre las moradas de los hombres, muy bien podría decirse de Dios a todos los que ahora están buscando su rostro y su favor, que no hay enojo en Él. Esto es especialmente cierto en este tiempo en que la Biblia está al alcance de cada familia y los ministros en cada púlpito están proclamando la oferta del evangelio.

Es exactamente como en la parábola de la fiesta de bodas en que muchos rechazaron la invitación del rey (Mt. 22:2-7). El monarca estaba justamente enojado con muchos de ellos, y envió sus ejércitos para destruirlos y quemarles la ciudad (v. 7). En esa ocasión hubo ira en el rey, y en la ocasión similar habrá enojo en Dios. Pero Él puede decir con sinceridad que en este tiempo que está haciendo la invitación: "No hay enojo en mí".

En su invitación hay bondad, un deseo de paz y amistad, y un anhelo ferviente de acabar con la enemistad que ahora existe entre el Dador celestial de la ley y sus criaturas que aún no se han arrepentido ni reconciliado.

Este mismo proceso se llevó a cabo antes de la destrucción de Jerusalén. Israel rechazó las advertencias y las invitaciones del Salvador, y finalmente experimentó la ira divina. Pero no hubo ira en el momento en que Él hacía las invitaciones. El tono de voz de nuestro Salvador cuando exclamó "¡Jerusalén, Jerusalén!" (Lc. 13:34) no fue de ira vengativa e irritada. Había compasión en el tono, una advertencia y una súplica ferviente de que se arrepintieran e hicieran la paz con Dios. Atestiguó que de buena gana los habría reunido como una gallina reúne a sus polluelos bajo sus alas, por lo que muy bien podría decirse que no había enojo en el Hijo de Dios, ninguna ira en Dios.

Hagamos la aplicación a nosotros mismos en la actualidad. En el último día habrá una tremenda descarga de furia. Toda la ira que los pecadores están atesorando ahora se derramará sobre ellos. El tiempo de misericordia habrá llegado a su fin. Después del sonido de la última trompeta ya no se escuchará más el llamado sonoro de la reconciliación. Oh, hermanos, míos, en el día final Dios derramará su ira en un poderoso torrente sobre las cabezas de los impenitentes. Esa ira está ahora acumulándose más y más en una bodega de venganza; y en algún horrible momento en el futuro, cuando ya no habrá más tiempo, la puerta de esa bodega se abrirá y la furia del Señor se desatará contra los culpables. Entonces su ira justa ejecutará todo el peso y el terror de sus amenazas.

Por tanto, mis hermanos, ustedes malinterpretan el texto si deducen que la furia no tiene cabida en la historia o los métodos de administración divina. La ira de Dios tiene su tiempo y su ocasión; y el mayor despliegue de ella vendrá cuando "los cielos pasarán con grande estruendo, y los elementos ardiendo serán deshechos, y la tierra y las obras que en ella hay serán quemadas" (2 P. 3:10). En ese día se manifestará "el Señor Jesús desde el cielo con los ángeles de su poder, en llama de fuego, para dar retribución a los que no conocieron a Dios, ni obedecen al evangelio de nuestro Señor Jesucristo; los cuales sufrirán pena de eterna perdición, excluidos de la presencia del Señor y de la gloria de su poder" (2 Ts. 1:7-9).

Nos hace estremecer seriamente pensar que pueda haber algunos que lean estas palabras a quienes el torrente de la ira divina barrerá. Algunos que leen esto serán arrastrados al torbellino de destrucción, y obligados a seguir el camino descendente a través de la boca de ese foso donde el gusano no muere, y el fuego no se sacia. Es más, algunos insensatamente presumen que en Dios no hay nada de furia, o en ningún momento. Trágicamente, descubrirán a lo largo de una lúgubre extensión de desesperanza sin fin y de una verdadera eternidad, que la ira de Dios es el único atributo de Él que conocerán realmente.

Así que óiganme. Escuchen antes de irse al infierno. Óiganme antes que la puerta de la prisión se cierre para nunca más volver a abrirse. Escúchenme antes que venga el gran día de la revelación de la ira de Dios, y haya una ruptura total del sistema que ahora parece tan estable e indestructible. En ese horrible día no se podrá levantar el texto en alto y decir que no hay enojo en Dios.

Pero óiganme ahora, por sus vidas, escúchenme. En este día

puedo decirlo. En este momento puedo lanzar por todas partes entre ustedes el amplio anuncio de que no hay enojo en Dios. No hay uno solo de ustedes en cuyo corazón no pueda entrar este anuncio. Serán bienvenidos a tener paz eterna con su Dios que suplica. Sin duda, mientras el Señor me llame a ofrecer el lenguaje de la súplica, a hacer sonar en los oídos de ustedes las alegres nuevas, y a invitarlos a entrar en la viña de Dios, puedo decir que no hay enojo en Él. Ciertamente no hay enojo en Dios mientras el mensajero del evangelio aún esté ejecutando la comisión que se le ha encargado y facultado. Sin duda alguna, mientras el Hijo de Dios esté invitándolos a besarlo y a reconciliarse con Él, no hay ni sentimiento ni ejercicio de ira.

Solo si rehúsan, si persisten en rechazar, y si experimentan todas esas llamadas y súplicas, y no les hacen caso, solo entonces Dios ejecutará su furia y expondrá el poder de su ira. Por eso es que Él nos advierte: "Honrad al Hijo, para que no se enoje, y perezcáis en el camino; pues se inflama de pronto su ira. Bienaventurados todos los que en él confían" (Sal. 2:12).

Este es entonces el momento en el cual ustedes se encuentran: no hay enojo en Dios; es más, Él está invitándolos a huir de la ira divina. Él no profiere ninguna maldición sobre la higuera (cp. Mt. 21:19-20), aunque hasta aquí no haya dado ningún fruto. Al contrario, Él declara: "déjala todavía este año, hasta que yo cave alrededor de ella, y la abone. Y si diere fruto, bien; y si no, la cortarás después" (Lc. 13:8-9).

Ahora, mis hermanos, todos ustedes están en la situación de esta higuera. Actualmente están tranquilos. Dios tiene propósitos de bondad hacia cada uno de ustedes; y como uno de sus ministros, ahora puedo decir a todos los que leen esto que no hay enojo en Dios. Cuando el proclamador de las buenas nuevas está tratando de suavizar corazones, se le impone la necesidad de hacer uso total del argumento de mi texto: que no hay enojo en Dios.

Cuando el embajador de Cristo está implorándoles con la

oferta de misericordia, seguramente está cargado con asuntos de importancia muy diferentes a ira, amenazas y venganza. Oh, ¡no permitan que todas esas súplicas resulten ser inútiles! No dejen que a la oferta que se hace ahora no le aparezca fruto después; no dejen que sea de ustedes el destino de la higuera estéril e infructuosa.

El día de la ira del Señor está acercándose. Que la tierra se quemará y que estos cielos pasarán es un acontecimiento al que nos acercamos continuamente. En ese día en que todo el universo se convertirá en un montón de ruinas, se verá el brillo de una conflagración poderosa. Se oirá el estruendo de la estructura de la creación desmenuzándose en fragmentos. En ese día se levantará un clamor de una multitud desesperada de todas las generaciones que acabará de despertar de sus lugares de reposo. El terror de la ira de Dios en ese día será más horrible que todo el resto de la destrucción del universo.

Oh, mis hermanos, en ese día el Juez aparecerá cargado con el tremendo propósito de reivindicar la verdad y la majestad de Dios delante de todos los hombres y los ángeles. Y en ese día la furia de Dios aparecerá en una manifestación brillante y ardiente.

Sin embargo, lo que tengo que decirles en este día es lo siguiente: tal enojo no está ahora en Dios. Hoy es una oportunidad de hacer las paces con Dios por toda la eternidad. Y si en este día solo oyen sobre la misericordiosa influencia sobrenatural de ustedes, se salvarán de todos esos horrores. Entre la guerra salvaje y el frenesí de los elementos del juicio divino, ustedes serán transportados por los brazos del amor hacia un lugar de seguridad y triunfo eterno.

Dios no quiere glorificarse a sí mismo por la muerte de los pecadores

Eso nos trae el segundo punto de este texto: "¿Quién pondrá contra mí en batalla espinos y cardos?". Tanto los malvados como los justos se representan a menudo en la Biblia por figuras del reino vegetal. Por ejemplo, a los salvos y santificados se les llama árboles de justicia, plantados por el Señor para que sea glorificado (Is. 61:3). Del hombre piadoso se dice que es como árbol plantado junto a corrientes de agua, que produce su fruto a su tiempo (Sal. 1:3). El juicio venidero sobre un hombre se compara con un hacha puesta a la raíz de los árboles (Mt. 3:10). Se dice que el árbol se conoce por su fruto, y como prueba de que el carácter de los hombres se simboliza por el árbol, leemos: "No se cosechan higos de los espinos, ni de las zarzas se vendimian uvas" (Lc. 6:44).

Observemos que a los espinos se refiere específicamente nuestro texto de Isaías 27:4-5. Cuando Dios declara: "Yo los hollaré, los quemaré a una", habla de la destrucción que viene a todos los que permanecen en el estado de espinos y cardos. Esto concuerda con lo que leemos en Hebreos 6:8: "La que produce espinos y abrojos es reprobada, está próxima a ser maldecida, y su fin es el ser quemada".

Espinos y cardos se emplean más directamente en otros lugares con el significado de los enemigos de Dios. Isaías 10:17 expresa: "La luz de Israel será por fuego, y su Santo por llama, que abrase y consuma en un día sus cardos y sus espinos".

Por tanto, cuando Dios declara: "¿Quién pondrá contra mí en batalla espinos y cardos? Yo los hollaré, los quemaré a una", habla de la facilidad con que podría cumplir su ira sobre sus enemigos. Perecerían delante de Él como la polilla. No resistirían que el Dios todopoderoso levantara el brazo derecho rojo de disgusto.

¿Por qué disponer entonces una contienda tan desigual como esta? ¿Por qué poner a los malvados en combate contra quien podría traspasarlos y devorarlos en un instante con el soplo de su ira? *Dios está diciendo en este texto que eso no es lo que desea hacer.* No quiere ponerse como un enemigo, o como un hombre fuerte armado contra ellos para la batalla; este es un combate en el que no está del todo dispuesto a entrar. La gloria que obtendría por medio de una victoria sobre un enemigo tan débil no es una gloria que su corazón elegiría en absoluto. Oh, no, ¡hijos de hombres! Él no se complace en la muerte de ustedes. No está tratando de magnificarse por medio de la destrucción de un enemigo tan insignificante. Él podría devorarlos en un instante. Podría quemarlos como rastrojo. Y se equivocan si creen que la fama en una competencia tan mala es un renombre al que Él aspira.

¿Quién pondría a los saltamontes en combate contra gigantes? ¿Quién pondría espinos y cardos en batalla contra Dios? Esto no es lo que Él desea. Dios preferiría más bien algo distinto. Tengan la seguridad de que prefiere que ustedes se vuelvan de la maldad, vivan, entren a la viña, se sometan a Él en fe y reciban el ofrecimiento misericordioso que les está haciendo. En el lenguaje del versículo 5, el Señor prefiere que los pecadores se aferren al amparo divino y hagan las paces con Él.

Díganme ahora si esto no abre una perspectiva más maravillosa y acogedora de parte de Dios. Es la verdadera actitud en que Él se pone en el evangelio de su Hijo. Por esto es que declara a oídos de todos a quienes se envía el mensaje de esta salvación: *"¿Por qué moriréis?"* (Ez. 18:31).

Es cierto que por la muerte de un pecador Dios *podría* manifestar la dignidad de su divinidad. *Podría* hacer conocer el poder de su enojo. *Podría* difundir el temor de su verdad y su majestad sobre toda la competencia de su gobierno, y enviar a sus límites extremos las glorias de su amparo y su soberanía inmutable. Pero Él no quiere magnificarse de esa manera sobre los hombres. No tiene ambición alguna de ir tras la fama de una victoria sobre enemigos tan débiles e insignificantes. La resistencia que le darían no es ninguna prueba a la fortaleza o la grandeza del Señor. No hay nada en la destrucción de criaturas tan débiles que pueda darle alguna distinción, o arrojar algún engrandecimiento alrededor de Él. Por tanto, lo vemos suplicando y protestando con los pecadores en todas partes de la Biblia. Dios no quiere distinguirse por la ruina de alguien, sino más bien quiere que ellos se vuelvan y se salven. Ahora, mis queridos lectores, ¿qué queda por hacer? Dios está dispuesto a salvarlos. ¿Están ustedes dispuestos a ser salvos? El camino está puesto delante de ustedes con más paciencia y claridad en la Biblia. Es más, nuestro mismo texto, breve como es, señala el camino, como trataré de explicar y poner delante de ustedes en mi tercer punto. Pero mientras tanto, y más aún para asegurar que ustedes me escuchen, déjenme hacerles una pregunta para que pongan en su conciencia: ¿Están preparados para presentarse delante de Dios?

Si no es así, entonces le ruego apreciado lector que piense cuán seguro le vendrá la muerte (y con qué rapidez). Hasta los más jóvenes entre nosotros deberían estar conscientes de que la muerte puede venir en cualquier momento. La agonía del último aliento vendrá. Llegará el momento en que usted sea un cuerpo sin vida extendido delante de parientes llorosos. Vendrá el ataúd que lo acogerá. Llegará la hora en que la compañía se reúna para llevarlo al cementerio. Vendrá el minuto en que sea puesto en la tumba y lancen tierra suelta sobre la estrecha cámara donde usted yace, y que extiendan césped verde encima... todo, todo llegará sobre cada criatura viva que ahora lee estas palabras. En algunos años, tanto quien escribe ahora como quienes leen mis palabras estaremos en nuestras tumbas, y otra generación poblará la tierra.

Ahora que usted sabe que todo esto debe suceder y sucederá, su sentido común y su experiencia común le convencerán de ello. Quizás haya pensado poco en esto en los días de descuidada, despreocupada e ingrata indiferencia en que ha vivido hasta ahora. Pero le pido que piense al respecto, que tome esto muy en serio, y que ya no pierda más el tiempo en tonterías y demoras, cuando cuestiones más importantes en cuanto a la muerte, el juicio y la eternidad se ponen tan evidentemente delante de usted. He tenido la comisión de proclamar este mensaje, y la sangre está sobre su propia cabeza y no la mía si no presta atención a la advertencia. El objetivo de mi mensaje es hacerle conocer lo que ha de venir. Es llevarlo más allá de las regiones de la vista y de los sentidos a las de la fe, y asegurarle en nombre de Aquel que no puede mentir, que tan seguro como vendrá la hora de poner el cuerpo en la tumba, con igual seguridad también llegará el momento en que el Espíritu regrese al Dios que lo envió.

Sí, el día de la cuenta final también vendrá. Llegará la aparición del Hijo de Dios en el cielo y sus poderosos ángeles a su alrededor. Vendrá la apertura de los libros. Llegará el momento en que los hombres de todas las generaciones estarán delante del tribunal. Y vendrá el momento solemne de dictar sentencia que sellará la eternidad de todos y cada uno.

Así es, y si ustedes se niegan a reconciliarse en el nombre de Cristo, ahora que Él está suplicándoles que lo hagan, y si se niegan a volverse de la maldad de sus caminos y a recurrir en fe a su Salvador, debo decirles qué sentencia oirán ustedes pronunciada en su contra: "Apartaos de mí, malditos, al fuego eterno preparado para el diablo y sus ángeles" (Mt. 25:41).

Hay una manera de escapar de la furia de esta tremenda tormenta. Existe un sendero de liberación del estado de condenación al estado de justificación. Hay un medio señalado en la Biblia por el cual nosotros, que por naturaleza somos hijos de ira, podemos llegar a estar en paz con Dios. Ojalá todos los oídos se abran a nuestra explicación de esta manera, tal como se indica en el lenguaje de nuestro texto: "¿Se acogerá alguien a mi amparo? ¡Que haga conmigo paz!" (Is. 27:5).

El camino de salvación está abierto delante de usted

La expresión *en lugar de* marca el cambio entre los versículos 4 y 5. En lugar de entablar batalla con sus enemigos, en lugar de traspasarlos y quemarlos con destrucción eterna, Dios preferiría en gran manera que ellos se acojan a su amparo a fin de que hagan la paz con Él. Y Dios promete, como el efecto seguro de que se vuelvan a Él en fe, que harán la paz con Él.

No tenemos que mirar muy lejos para descubrir que este "amparo" es a lo que los pecadores están llamados a acogerse. Isaías mismo habla del amparo o abundancia de la *salvación* (33:6). No es en la destrucción del pecador sino en su salvación en lo que Dios quiere poner su amparo, el cual ya se ha puesto en la liberación de un mundo culpable, y este es el mismo amparo al que pide que todos se acojan.

Dios sin duda será glorificado en la destrucción de los pecadores, pero Él prefiere la gloria que es suya a través de su salvación. Destruirlo a usted no es más que prender fuego a los espinos y cardos, y consumirlos. Pero para salvarlo se necesita realmente el poder y la sabiduría de Dios. Este es el logro poderoso que los ángeles desean ver (1 P. 1:12). Esta es la empresa en la cual Cristo se embarcó desde su gloria celestial. Esta es la misión sobre la cual gastó todas sus fuerzas y se ocupó con angustia en el alma hasta que la cumplió (Lc. 12:50). Ahora que esa misión está cumplida, Dios será glorificado tanto en la destrucción de los pecadores (2 Ts. 1:7) como en la salvación de sus santos (v. 10). Pero Dios prefiere lo último a lo primero. Él muestra su ira y hace conocer su poder en la destrucción de los pecadores (Ro. 9:22). Pero la gloria de Dios redundará en una manera aún más grande para siempre en la alabanza eterna mostrada por su pueblo redimido (1 P. 2:9).

Entonces Dios les suplica que se acojan a su amparo. Él en gran manera preferiría esta forma de hacer conocer su poder. El Señor no quiere entablar combate con ustedes, ni consumirlos como rastrojo por el aliento de su indignación. No; Él se deleita en transformar a pecadores en santos. Se deleita en transformar vasijas de ira en vasijas de misericordia, y en hacer conocer las riquezas de su gloria a aquellos a quienes había preparado antes para la gloria (Ro. 9:23).

Hay una fuerza gloriosa puesta en la destrucción de los pecadores, pero hay una fuerza *más gloriosa* puesta en la salvación
de un pecador. Esta fuerza salvadora es la que Dios les ofrece a
ustedes para que se acojan a ella, pues prefiere no entrar en una
competencia con los pecadores; porque para obtener una victoria sobre ellos no sería más para Él que pelear contra espinos
y cardos, y consumirlos. Pero hacer amigos de sus enemigos,
transformar a los hijos de ira en hijos de adopción, lograr tan
poderoso y maravilloso cambio del estado de culpa al estado de
justificación, convertir siervos del pecado en siervos dispuestos
de Dios, ahuyentar la oscuridad de la naturaleza y hacer que
todo sea luz y consuelo alrededor de los redimidos, conseguir
que personas que son esclavas de sus sentimientos tengan pre-
ferencia por las cosas de la eternidad, derribar fortalezas de
corrupción interior y levantar a quien estuviera espiritualmente
muerto a una vida de nueva obediencia... ¡esta es la victoria
en que Dios se deleita! La destrucción de los malvados no le
produce placer.

Permítanme ahora, en lo que queda, expresar primero algunas cosas más sobre este amparo (el amparo de salvación del
que habla nuestro texto) y luego decir muy brevemente qué
significa acogerse.

En primer lugar leemos que era necesario acogerse a un
amparo poderoso en la obra de justificación de un pecador.
Sabemos que todos los hombres son pecadores, y que por eso
están bajo la condenación justa de Dios. ¿Cómo, en nombre de
todo eso que es difícil y maravilloso, pueden estos pecadores
lograr que les sea quitada esta condenación?

¿Por qué proceso nuevo y nunca oído pueden los culpables
volver a estar justificados delante de la vista de Dios? ¿Cómo
puede escucharse del propio trono de juicio y justicia de Dios
la sentencia de absolución sobre los hijos de iniquidad? ¿Cómo
puede el honor de Dios mantenerse intacto a la vista de los
ángeles, si somos perdonados quienes reiteradamente nos hemos

burlado de Él y lo hemos ofendido? ¿Cómo podemos ser perdonados justamente, con todo nuestro desprecio por la ley y por el Dador de la ley, y con todo este carácter de rebelión contra Él escrito en nuestras mentes? ¿Cómo pueden pecadores como nosotros ser admitidos a lugares de distinción en el cielo? Después de todo, Dios se ha comprometido a una justicia plena a la vista de los ángeles. Él declaró "que de ningún modo tendrá por inocente al malvado" (Éx. 34:7). Después de darnos una ley utilizando ángeles, y de que no la hubiéramos guardado, expresó: "No justificaré al impío" (Éx. 23:7). Vez tras vez, Dios dijo cosas como: "El malo será castigado" (Pr. 11:21), y "Maldito todo aquel que no permaneciere en todas las cosas escritas en el libro de la ley, para hacerlas" (Gá. 3:10).

Pero lo que es más, no fueron simplemente los ángeles buenos y obedientes los que conocieron de nuestra rebelión. Los ángeles malos y caídos no solamente supieron esto, sino que tramaron y motivaron esta insurrección. Yo preguntaría: ¿Y cómo puede Dios mantener íntegra la terrible majestad de su verdad y justicia delante de sus adversarios si Satanás y los ángeles de maldad junto a él tuvieran la potestad de decir: "Convencimos al hombre de que ultrajara a Dios por medio del pecado, y ahora hemos obligado a Dios a aguantar la afrenta?".

Pero por grande que sea el peso y la magnitud de ese obstáculo, también lo es la grandeza del amparo puesto por el Salvador en la poderosa obra de eliminar la dificultad. No tenemos concepción adecuada de este asunto; lo único que podemos saber al respecto es lo que la Biblia expone. Ya sea que tomemos las profecías que anuncian la obra de nuestro Redentor, la historia que la relata, o la doctrina que expone su valor y su eficacia... todo va a determinar que estuvo en funcionamiento un tremendo poder para obtener nuestra salvación. Hubo la severidad de un conflicto, una guerra ardua y poderosa, toda la agonía y todos los esfuerzos de una energía combativa (y al final predominante) en la ejecución de esa obra que nuestro

Salvador debía realizar. Cristo tenía una barrera que vencer, además de los lamentos, los dolores y las penas de un gran sufrimiento y esfuerzo. Un obstáculo poderoso yacía delante de Él, y en la actividad de quitarlo debió ejercer todo el poder de las facultades que le pertenecían. Había una carga puesta sobre sus hombros que nadie más que el Príncipe de paz podía haber soportado. Había además una tarea en su mano que nadie más que Él podía cumplir.

Si todos los ángeles en el paraíso hubieran contemplado cómo podía lograrse nuestra salvación, sin duda habrían llegado a la conclusión de que tal obra era imposible. ¿Quién puede doblegar los principios inmutables de Dios? ¿Quién puede darles un cambio tan maravilloso, de modo que los pecadores que lo han ofendido pudieran ser llevados al perdón mientras al mismo tiempo el honor de Dios se mantuviera intacto y completo? No hay nadie en las poderosas huestes celestiales que no se haya contraído ante una empresa tan noble. Ninguno de ellos pudo a la vez haber magnificado la ley y también liberado al hombre de sus incumplidas sanciones. Ninguno de ellos podía apartar de nosotros las amenazas de la ley y al mismo tiempo dar a la verdad y la justicia de Dios su más brillante manifestación. Ninguno de ellos podía desentrañar el misterio de nuestra redención por todas las dificultades que la rodeaban. Ninguno de ellos podía haber obtenido por la fuerza de su brazo la victoria sobre estas dificultades.

Y aunque tal vez nunca hayamos pensado en tales inquietudes, no olvidemos que estos asuntos no fueron simplemente entre Dios y el ser humano, sino entre Dios y todas las criaturas que Él había formado. Ellas vieron el dilema, y sintieron cuán profundamente participaba en esto el carácter de la deidad. Percibieron la influencia de este asunto en la majestad de los atributos divinos y en la estabilidad del gobierno divino. Con ellas, este fue un asunto de interés profundo y sustancial. Y cuando el Hijo eterno dio un paso adelante para llevar a cabo la empresa hasta el final, el sentimiento entre todas ellas fue que una batalla debía pelearse, y que las fuerzas de este poderoso Capitán de nuestra salvación solo se equiparaban al logro de la victoria.

> ¿Quién es éste que viene de Edom, de Bosra, con vestidos rojos? ¿Éste hermoso en su vestido, que marcha en la grandeza de su poder? Yo, el que hablo en justicia, grande para salvar. ¿Por qué es rojo tu vestido, y tus ropas como del que ha pisado en lagar? He pisado yo solo el lagar, y de los pueblos nadie había conmigo; los pisé con mi ira, y los hollé con mi furor; y su sangre salpicó mis vestidos, y manché todas mis ropas. Porque el día de la venganza está en mi corazón, y el año de mis redimidos ha llegado. Miré, y no había quien ayudara, y me maravillé que no hubiera quien sustentase; y me salvó mi brazo, y me sostuvo mi ira (Is. 63:1-5).

Se ha descubierto un camino de redención en las inescrutables riquezas de la sabiduría divina. Cristo mismo es llamado la sabiduría de Dios. El mismo Cristo también es llamado el poder de Dios:

> Nosotros predicamos a Cristo crucificado, para los judíos ciertamente tropezadero, y para los gentiles locura; mas para los llamados, así judíos como griegos, *Cristo poder de Dios*, y sabiduría de Dios (1 Co. 1:23-24).

En la poderosa obra de redención, Dios puso un amparo, al cual estamos llamados a acogernos. Hubo un amparo maravilloso en soportar la ira que habría caído sobre los millones y millones más de un mundo culpable. Hubo un amparo que Cristo cargó en triunfo a través de la contienda sobre Satanás, cuando este lo abofeteó con sus tentaciones. Hubo un amparo que lo llevó a soportar las agonías del huerto. Hubo un amparo que lo apoyó cuando el rostro de su Padre se ocultó de Él. Hubo un amparo que lo levantó en la hora sombría de la aflicción de su alma.

Hubo una fortaleza que los observadores podrían pensar que casi había cedido cuando Él clamó: "Dios mío, Dios mío, ¿por qué me has desamparado?" (Mt. 27:46).

Hubo un amparo mucho mayor que el que conocemos en esa lucha misteriosa que Cristo sostuvo con los poderes de las tinieblas, cuando Satanás cayó del cielo como un rayo, y el Capitán de nuestra salvación anuló a los principados y poderes, los hizo mostrarse abiertamente, y triunfó sobre ellos. Hubo un amparo al vencer todas las dificultades poderosas que se interponen en el camino entre el pecado y Dios, al abrir las puertas de la aceptación a un mundo culpable, al hacer que la verdad y la misericordia se encuentren, y que la justicia y la paz entren en comunión… de modo que Dios pudiera ser justo mientras también es el justificador de aquel que cree en Jesús (Ro. 3:26).

Tanta fortaleza está puesta en la obra de la redención del hombre. También hay fortaleza puesta en la obra de santificación del hombre. Cristo no solo ha llevado a cabo una gran obra por nosotros al hacer que nuestra reconciliación con Dios sea buena; también realiza una gran obra en nosotros para hacernos semejantes a Dios. Pero no tengo tiempo para detenerme en este último tema, y debo contentarme con referirles los siguientes pasajes bíblicos: Efesios 1:19; 2:10; Filipenses 4:13; 2 Corintios 12:9-10; y Juan 15:5. El mismo poder que resucitó a Jesús de entre los muertos es el poder que nos resucita de nuestra muerte en delitos y pecados. El poder que fue puesto en la creación es el poder que nos convierte en nuevas criaturas en Jesucristo nuestro Señor.

Tampoco tengo tiempo para hacer una demostración completa de lo que quiere decir acogerse a ese amparo. Si solicitamos a un amigo algún servicio, algún alivio a una angustia o dificultad, puede decirse que nos acogemos a él. Y cuando confiamos firmemente en la capacidad y la buena voluntad de ese amigo para prestarnos el servicio, muy bien podríamos decir que nos acogimos a él. La expresión se vuelve aún más apropiada si *él promete* hacer lo que confiamos que haga. En tal caso, la esperanza en él no solo es en su poder sino también en su fidelidad. Y es incluso así con la promesa de Dios en Cristo Jesús: tenemos no solo un poder sino una promesa en qué confiar. Si creemos que Cristo puede salvar por completo a quienes se acercan a Dios por medio de Él (He. 7:25), y si creemos en la sinceridad de la invitación que nos hace a todos los cansados y cargados de que vayamos a Cristo y encontremos descanso para nuestras almas (Mt. 11:28-30), entonces hemos juzgado que Él es fiel a lo que ha prometido, y luego nos asiremos de veras a Cristo como el poder de Dios para salvación. Según la fe que nos ha llevado a fijar nuestra esperanza en el Salvador, así se nos hará. En el lenguaje de la Biblia, retengamos "firme hasta el fin la confianza y el gloriarnos en la esperanza" (He. 3:6). "No perdáis, pues, vuestra confianza, que tiene grande galardón" (He. 10:35).

Y si aún no han empezado a confiar en las garantías del evangelio, háganlo ahora. Están dirigidas a ustedes. "El Espíritu y la Esposa dicen: Ven. Y el que oye, diga: Ven. Y el que tiene sed, venga; *y el que quiera*, tome del agua de la vida gratuitamente" (Ap. 22:17). No es una generalidad vaga de la cual estoy hablando. Ustedes están invitados a tomar el agua con Cristo, y a confiar en Él por sí mismos. Dios mismo los insta a arrepentirse y vivir (Ez. 18:31).

Soy consciente de que a menos que el Espíritu se les revele, todo lo que he dicho acerca de Él caerá en oídos sordos, y los corazones de ustedes seguirían tan fríos, pesados y alienados como siempre. Fe es regalo de Dios, no es de nosotros. Pero el ministro está en su lugar cuando pone la verdad delante de ustedes; y ustedes están en su lugar cuando escuchan con diligencia, y tienen un espíritu de oración y dependencia en el

Dador de toda sabiduría, en que bendecirá la Palabra hablada y hará que alcance sus almas en la forma de una aplicación saludable y convincente.

Es realmente increíble, más que increíble, que alberguemos la idea de que nuestro Padre que está en los cielos es menos que benevolente. Con todas las maneras en que Él se nos presenta, ¿no es vergonzoso que no tengamos más confianza en su bondad y su disposición de salvar? ¿Cómo podemos justificar la barrera de incredulidad que se mantiene tan obstinadamente firme a pesar de toda la preocupación de Dios? ¿Por qué continúa la dureza? No la dureza de Dios hacia nosotros, porque Él ha dicho todo para cortejarnos a fin de que pongamos nuestra confianza en Él, sino nuestra dureza hacia Dios. Frente a sus amables y compasivas súplicas, ¿cómo podemos persistir en ser fríos, distantes y temerosos de Él?

No sé, mis hermanos, en qué medida pude haber tenido éxito como un instrumento humilde e indigno, al apartar el velo que ensombrece el rostro de Aquel que se sienta en el trono. Sin embargo, ¡cuán imponente es la actitud y cuán impactante del todo es el argumento con el cual Él se nos presenta en el texto que estamos considerando! "No hay enojo en mí".

No tanto es que Dios esté diciendo que no tiene enojo en absoluto. A menudo nos habla de su ira en otros pasajes de la Biblia. Pero la sorprendente peculiaridad de las palabras que ahora tenemos delante de nosotros es la manera en que Él desea convencernos respecto al poco interés que puede tener en nuestra destrucción. Dios está asegurándonos lo lejos que está de su pensamiento aspirar a la gloria de tal logro.

Es como si Él hubiera dicho: "No me costaría nada consumirlos a todos con el soplo de mi indignación. No arrojaría ningún honor sobre mí arrasar toda la fuerza de esa rebelión que han exhibido contra mí. No me daría más gloria que si yo pasara por los espinos y cardos, y los quemara delante de mí. Esta no es una batalla en que yo quiera participar, no es la victoria con la que busco distinguirme. Y se equivocan, se equivocan débiles hijos de hombres, si creen que yo aspiro a cualquier cosa con ustedes que no sea que puedan convencerse de entrar a mi viña, acogerse a mi amparo, y buscar hacer la paz conmigo.

"La victoria que está en mi corazón no es una victoria sobre sus personas. Esa es una victoria que se conseguirá fácilmente en el gran día del juicio final sobre todos los que han rechazado mis propuestas, sin nada de reprobación de mi parte hacia los que se han apartado de mis suplicantes ofertas de reconciliación. En ese gran día del poder de mi ira se verá lo fácil que es lograr tal victoria. ¡Cuán rápidamente el fuego de mi conflagración envolverá en esa llama devoradora de la cual nunca, nunca jamás podrán librarse, a los rebeldes que se me han opuesto! ¡Con qué rapidez la ejecución de la sentencia condenatoria pasará entre la multitud que se encuentra a la mano izquierda del Juez vengador! Y tengan por seguro, ustedes que están escuchándome, y a quienes libremente invito a entrar en la viña de Dios, que este no es el triunfo que Dios desea".

No es la victoria en juicio sobre sus personas lo que le complace, sino la victoria sobre sus voluntades ahora. Es que ustedes honren el testimonio de Dios al poner su confianza en Él. Es que acepten las garantías amables y gratuitas de que no les tiene mala voluntad. Es que arrojen de sus corazones toda la carga de lúgubre temor y sospecha, y que ahora, incluso ahora, entren en una comunión de paz con el Dios a quien han ofendido.

Oh, ¡convénzanse! Sé que el terror no los dominará. Sé que todas las amenazas de la ley no les reclamarán. Sé que ningún proceso directo de imponer las afirmaciones de Dios en la obediencia de ustedes nunca los obligará a la única obediencia que tiene algún valor en la opinión divina, incluso la obediencia voluntaria de los afectos hacia un Padre a quien aman.

Pero sin duda alguna, cuando Dios los mira con el semblante de un Padre, cuando les habla con la ternura de un Padre amoroso, cuando trata de cortejarlos para que regresen a esa casa divina de la cual se han alejado, y cuando los convence de su buena voluntad, Él desciende hasta el punto de razonar el asunto y les dice que no está buscando más gloria en la destrucción de ustedes de lo que buscaría gloria en prender fuego a los espinos y cardos, y quemarlos por completo... ¡fantástico! Hermanos míos, ¿no debería parecer sencillo al ojo de la fe cuán honesto y sincero es el Dios que los redime, quien está inclinándose sumisamente a la mención de tal argumento?

Acéptenlo, déjense impresionar, y ya no alberguen más dudas de la buena voluntad del Señor Dios, misericordioso y clemente. Dejen que su fe obre por amor a Él, quien ha hecho y dicho tanto para llamarlos a la fe amorosa. Y dejen que este amor manifieste todo el poder de un principio de mando dentro de ustedes, instándolos en cada paso a la nueva obediencia de nuevas criaturas en Jesucristo su Señor.

Por tanto, el beneficio doble del evangelio lo lograrán todos los que creen y obedecen ese evangelio. Reconciliados con Dios por la muerte de su Hijo, regenerados por el poder de ese Espíritu poderoso y omnisciente que está en la entrega del Hijo, la salvación de ustedes será completa. Serán lavados, santificados y justificados en el nombre del Señor Jesús, y por el Espíritu de nuestro Dios.[1]

---

1. Thomas Chalmers fue un pastor de Glasgow y profesor de teología en la Universidad de Edimburgo en la primera mitad del siglo XIX. Dirigió la formación de la Iglesia Libre de Escocia en 1843, después de separarse de la Iglesia de Escocia debido a la invasión de la incredulidad en la iglesia estatal. Se le recuerda como uno de los mejores predicadores que Escocia ha producido. Su fervor evangelístico, por el cual es bien recordado, es evidente en este tratado adaptado de uno de sus más conocidos sermones. Se ha editado un poco, principalmente para actualizar algunas de las expresiones arcaicas.

Apéndice 2

Sobre el amor de Dios, y si se extiende a los no elegidos

NOTA DEL EDITOR: Este texto de Andrew Fuller, influyente pastor y escritor bautista de Inglaterra de finales del siglo XVIII, es un extracto de una carta a un amigo.

PREGUNTA: Ya que Dios nunca pretendió que quienes no eligió conocieran el poder de su gracia en Cristo Jesús, ¿cómo podemos exaltar el amor de Dios al buscar la salvación de los hombres, excepto en relación con aquellos que diseñó para salvar?

¿Y cómo podemos hablar del amor de Dios para la humanidad, excepto en la base general de que es entre la masa de humanidad que los elegidos del Señor pueden encontrarse?

En pocas palabras, ¿cuál es el amor que Dios tiene por aquellos a quienes no ha elegido para vida eterna?

RESPUESTA: No puedo comprometerme a quitar a este, o a cualquier otro tema, la dificultad; tampoco pretendo responder este asunto sobre los principios de la razón. En caso de poder determinar ciertos principios en la Palabra de Dios para ser enseñados, creo que es seguro razonar a partir de ellos; pero si procedo más allá de esto, me encuentro en alta mar.

Respecto a la primera parte de esta pregunta, no estoy consciente de haber representado a Dios como quien "busca la salvación de aquellos que no son salvos". Si el término buscar significara tan solo que Dios les proporcionara los medios de salvación y, en calidad de Gobernador moral de sus criaturas, las dirigiera e invitara con sinceridad a usar dichos medios, yo no lo objetaría. En este sentido, Él dijo de Israel: "¡Si hubieras atendido a mis mandamientos!" (Is. 48:18). En este sentido se describe al Señor de la viña buscando fruto donde no lo encuentra (Lc. 13:7). Pero si se entiende que tal deseo de salvación de los hombres incluye hacer todo lo posible para conseguirlo, no lo apruebo. No veo ninguna incoherencia entre el uso de parte de Dios de todos los medios apropiados para el bien de la humanidad como su Creador y Gobernador, y su retención de la gracia eficaz, la cual es algo súper agregado al gobierno moral, y a la cual ninguna criatura tiene derecho alguno.

En cuanto a la segunda parte de la pregunta, sin duda puede decirse que Dios ejerce amor por la humanidad, al ser el grupo que contiene a su pueblo elegido. Pero no puedo creer que esta idea ofrezca una respuesta completa.

Me parece un hecho incontrovertible que a Dios se le represente en su Palabra como ejerciendo la benignidad, la misericordia, la bondad, la paciencia, y hasta el amor hacia los hombres como individuos. Se dice que las benignidades de la Providencia fluyen de la *bondad* y la *misericordia*. Además, la propia bondad y misericordia de Dios se nos presentan como ejemplo de cómo debemos amar a nuestros enemigos (Mt. 5:44-45; Lc. 6:35-36). Y esto lo exalta el apóstol, llamándolo "las riquezas de su benignidad", censurando intensamente a los malvados por despreciarlas, en lugar de que los lleve al arrepentimiento (Ro. 2:4).

¿Qué tal que Dios no pretendiera hacer efectiva su bondad, paciencia y longanimidad para llevar al arrepentimiento a los seres humanos? ¿Podría deducirse que eso no es bondad?

Leo tal lenguaje así: "De tal manera amó Dios al mundo, que ha dado a su Hijo unigénito, para que todo aquel que en él cree, no se pierda, mas tenga vida eterna". Además, el ministerio de la reconciliación actuó en este sentido: "Somos embajadores en nombre de Cristo, como si Dios rogase por medio de nosotros; os rogamos en nombre de Cristo: Reconciliaos con Dios" (2 Co. 5:20). No puedo sacar ninguna conclusión inferior a esta: La vida eterna por medio de Jesucristo se ofrece libremente a los pecadores como pecadores. O como lo expresó Calvino con relación a Juan 3:16:

Dios usa la dimensión universal tanto de invitar a todos los hombres en general a participar de la vida, como de eliminar toda excusa de los incrédulos. Hacia el mismo fin tiende el término mundo; porque a pesar de que no se encuentra nada en el mundo que sea digno del favor de Dios, Él sin embargo muestra que es favorable al universo entero, cuando llamó a todos los hombres sin excepción a la fe en Cristo. Pero recordemos que la vida se promete a todos los que creen en Cristo, tan a menudo, aunque la fe no es común a todos los hombres; sin embargo, solo Dios abre los ojos de sus elegidos para que puedan buscarlo por fe.

Aunque Dios envió a su Hijo a morir por el mundo entero y ofrece perdón y vida eterna a todos los que crean en Él, si lo hubiera logrado sin hacer provisión eficaz a ciertas personas para que lo recibieran y tuvieran salvación, ¿cuál habría sido la consecuencia? Podríamos decir que ninguno en la especie humana se habría salvado, y así Cristo habría muerto en vano. Así sería.

Aunque esto no habría concordado con los designios sabios y compasivos de Dios, no me parece incoherente con su justicia, bondad o sinceridad. Si Él hubiera llamado a los pecadores a arrepentirse, creer y ser salvos, al mismo tiempo que hubiera retenido los medios de salvación, habría sido así; pero no en que simplemente retuviera la gracia necesaria para hacer volver el corazón de los pecadores.

Si no me equivoco, esta segunda parte de la pregunta procede del principio de que no puede haber verdadera buena voluntad hacia un pecador al invitarlo a arrepentirse, creer y ser salvo, a menos que se le conceda gracia eficaz para el propósito. Pero ese principio me parece antibíblico e infundado. La gracia sobrenatural, eficaz y salvadora en realidad es necesaria para la *producción real de bien* en los hombres; pero nunca se representa como algo necesario para justificar la bondad de Dios en *esperarla o requerirla.* Todo lo que es necesario para este fin es que Él les proporcione poderes racionales, luz objetiva y medios externos. Como prueba de esto, consideremos todos los pasajes bíblicos en que Dios se queja de los hombres por no arrepentirse, creer u obedecer. Por ejemplo, en la queja contra Corazín y Betsaida no se menciona gracia sobrenatural que se les hubiera dado, sino simplemente los "milagros" realizados delante de tales ciudades (Mt. 11:20-24).

De igual modo, en la parábola del dueño de la viña la queja de que los labradores no tuvieron respeto por el Hijo del dueño no se basaba en que el amo no les había proporcionado gracia sobrenatural (Mt. 21:33-38). Al contrario, estaba justificada porque les había proporcionado luz, medios y beneficios objetivos. Del mismo modo, Dios no concedió gracia eficaz a aquellos que son acusados de producir uvas silvestres en lugar de uvas; sin embargo, *indagó* y preguntó: "¿Qué más se podía hacer a mi viña, que yo no haya hecho en ella?" (Is. 5:4).

Los esfuerzos del Espíritu Santo, que se describen que los pecadores "resisten" (Hch. 7:51; cp. Gn. 6:3) no podían consecuentemente significar la gracia eficaz del Espíritu Santo, ni tampoco algo provocado en estos individuos, sino los impresionantes motivos que se les presentaron por medio de los mensajes inspirados de los profetas (véase Neh. 9:30).

Así es como creo que debemos entender la queja en Deuteronomio 29:4: "Hasta hoy Jehová no os ha dado corazón para entender, ni ojos para ver, ni oídos para oír". Es inconcebible que Moisés se hubiera quejado de los israelitas porque el Señor no les hubiera concedido *gracia sobrenatural*. La queja parece estar basada en la falta de éxito de los *medios externos* más impresionantes, que debieron haber producido en esta gente corazón para percibir, ojos para ver y oídos para oír. Tal es el alcance del pasaje: "Moisés, pues, llamó a todo Israel, y les dijo: Vosotros habéis visto todo lo que Jehová ha hecho delante de vuestros ojos en la tierra de Egipto a Faraón y a todos sus siervos, y a toda su tierra, las grandes pruebas que vieron vuestros ojos, las señales y las grandes maravillas. Pero hasta hoy Jehová no os ha dado corazón para entender, ni ojos para ver, ni oídos para oír" (Dt. 29:2-4).

En general, concluyo que hay dos clases de influencia por medio de las cuales Dios obra en las mentes de los seres humanos: Primera, *aquello que es común* y que se lleva a cabo por el uso corriente de los motivos presentados a la mente para consideración. Segunda, *aquello que es especial y sobrenatural*. La una es ejercida por Dios como el Gobernador moral del mundo; la otra la efectúa como el Dios de gracia, por medio de Jesucristo. La una no contiene nada misterioso, más que la influencia de nuestras palabras y acciones entre nosotros; la otra es un misterio tal que no sabemos nada de ella sino por sus efectos. La primera *debería* resultar eficaz; la última *es* así.

Por último, resumimos la inquietud en pocas palabras preguntando: "¿Cuál es el amor que Dios tiene por aquellos a quienes no ha elegido para vida eterna?". Contesto: Es la buena voluntad del Creador, cuyas tiernas misericordias están sobre todas sus obras (Sal. 145:9). Es esa tierna consideración por la obra de sus manos que solo el pecado podía extinguir. Es por eso que infligir los más tremendos castigos es prueba de la malignidad del pecado.

La Biblia sugiere que la ira de Dios está en contra de la esencia de su bondad natural. Dado que las tiernas misericordias de Dios están sobre todas sus obras, sabemos que no castigaría a los transgresores con destrucción eterna si los intereses inseparables de su carácter y su gobierno no lo requirieran. Tales son las ideas transmitidas por implicación en Génesis 6:7: "Raeré de sobre la faz de la tierra a los hombres *que he creado*" e Isaías 27:11: "*Su Hacedor* no tendrá de él misericordia, ni se compadecerá de él *el que lo formó*".[1]

---

1. Este texto es un extracto de una carta a un amigo, por Andrew Fuller (1754-1815), un influyente pastor y escritor bautista inglés. Como calvinista que se opuso firmemente al hipercalvinismo, Fuller ayudó a fundar la Sociedad Misionera Bautista Extranjera, la cual envió a William Carey a India.

Apéndice 3

Cristo el Salvador del mundo

NOTA DEL EDITOR: Este sermón de Thomas Boston, pastor y escritor escocés, fue predicado en Ettrick, Escocia, el 7 de junio de 1724.

"Nosotros hemos visto y testificamos que el Padre ha enviado al Hijo, el Salvador del mundo" (1 Jn. 4:14).

Juan, el discípulo amado, respira todavía amor en sus epístolas. El amor es la cuerda en que se deleita peculiarmente en insistir. Siempre está magnificando el amor de Dios, o instando a que amemos a Dios y nos amemos unos a otros.

Pero su tema favorito, el amor, no se presenta limitado sino más extenso. Comprende tanto el evangelio como la ley, la fe y las obras. El amor de Dios hacia la humanidad es la gran doctrina del evangelio y el objeto de la fe. El amor de los hombres por Dios y de unos por otros constituye la gran doctrina de la ley de los Diez Mandamientos y el objeto de la práctica sagrada.

Existe una relación cercana entre lo uno y lo otro: El amor de Dios es la fuente, nuestro amor es la corriente. El primero es el fuego santo original; el último es la llama que ha encendido. En consecuencia, el contexto de 1 Juan 4:14 asevera cómo el amor de Dios nos mueve a amarnos unos a otros. Pero el versículo mismo muestra cómo el amor divino es la sustancia del evangelio.

Aquí tenemos entonces el evangelio, el cual todos los apóstoles predicaron a una voz al mundo: "Hemos visto y testificamos que el Padre ha enviado al Hijo, el Salvador del mundo". Y en esto podemos considerar dos aspectos:

Primero, *el evangelio o las buenas nuevas*: que el Padre envió al Hijo para ser el Salvador del mundo. En realidad aquí hay noticias gratas para el mundo: la misión de Cristo. La promesa de esta misión se le hizo al caído Adán en el paraíso. Los creyentes bajo el Antiguo Testamento vivieron y murieron en la fe de este ofrecimiento. Pero los apóstoles lo atestiguaron como algo realizado. Tiempo pasado: el Padre envió, o ha enviado, al Hijo. El enviado es el Hijo de Dios, nuestro Señor Jesucristo. Ningún otro era apto para esta misión. Quien envía, de quien Él obtuvo su comisión, fue el Padre: la primera Persona de la gloriosa Trinidad. Nadie de una dignidad más baja podía enviar a uno de la dignidad de Jesús. La modalidad en la cual fue enviado es como "Salvador del mundo". Las palabras están sin ningún complemento; del cual no hay necesidad aquí. Cristo fue constituido, nombrado y designado por su Padre como "Salvador del mundo". Y así fue enviado al mundo en esa naturaleza.

"El mundo" es el universo de humanidad indefinida y arruinada por el pecado de Adán (Jn. 3:16 ss.). Aquí es donde apareció el amor de Dios hacia la humanidad (Tit. 3:4).

Segundo, observamos *la seguridad de este evangelio o buenas nuevas*. Todos los apóstoles anunciaron al unísono esta gran verdad, y lo hicieron como testigos presenciales. Habían visto al Salvador, hablaron con Él, leyeron su comisión a medida que Él se las revelaba del Antiguo Testamento, y observaron vez tras vez el sello de autenticación del cielo en los milagros que Él realizaba. Este asunto de que los doce presenciaran con sus propios ojos al Salvador fue tan crucial para el testimonio apostólico que al apóstol Pablo, quien no fue llamado a ser apóstol sino hasta después de la ascensión de Cristo, le fue permitido ver primero con sus ojos antes de dar testimonio. Jesús mismo le dijo: "Para esto he aparecido a ti, para ponerte por ministro y testigo de las cosas que has visto, y de aquellas en que me apareceré a ti" (Hch. 26:16).

La doctrina

La gran verdad y el testimonio del evangelio es que el Padre había enviado a su Hijo Jesucristo en el papel de Salvador del mundo.
Al examinar esta doctrina, señalaré primero algunos aspectos significativos en el testimonio del apóstol Juan; segundo, aclararé el sentido del título "Salvador del mundo"; y tercero, probaré las aplicaciones de esta verdad.

Algunos aspectos que se dan a entender en este testimonio.
Primero, el mundo necesitaba un Salvador. De lo contrario, Dios, que no hace nada en vano, no habría provisto uno. El mundo estaba enfermo, sumido en un padecimiento desesperado después de comer del fruto prohibido. La humanidad necesitaba un médico para curar el mal. Jesús advirtió: "Los sanos no tienen necesidad de médico, sino los enfermos" (Mt. 9:12). Se trataba de un mundo maldito, atado bajo la ira por la sentencia de la ley incumplida. Tal mundo necesitaba un Salvador para eliminar la maldición y traer bendición. Por tanto, "Dios, habiendo levantado a su Hijo, lo envió para que os bendijese" (Hch. 3:26). Era un mundo perdido, perdido para Dios, perdido para sí mismo, perdido para todo lo bueno, perdido y pereciendo bajo la ira de Dios. Necesitaba a Alguien que lo buscara y salvara: "El Hijo del Hombre vino a buscar y a salvar lo que se había perdido" (Lc. 19:10).

Segundo, nadie de dignidad inferior al Hijo de Dios podía ser el Salvador del mundo. Ningún hombre o ángel podía llevar a cabo el papel de Salvador de un mundo perdido. La labor de ese oficio estaba por encima del alcance de toda la creación (cp. Ap. 5:3). Aquí hubo una prueba del amor divino por el género humano. El caso de la humanidad era de desesperación e impotencia en todas las criaturas. Sin embargo, "de tal manera amó Dios al mundo, que ha dado a su Hijo unigénito, para que todo aquel que en él cree, no se pierda, mas tenga vida eterna" (Jn. 3:16).

Tercero, Cristo fue enviado a ser el Salvador del mundo por iniciativa propia de Dios. El plan para salvar a la humanidad fue concebido totalmente sin la participación humana. El mundo no se reunió para enviar a alguien a la corte celestial con una petición de un Salvador. El Salvador no fue concedido en respuesta a las súplicas e instancias más fervientes de los pecadores. Al contrario, por puro amor generoso, el Padre envió a su Hijo para ser el Salvador del mundo. Las necesidades de la humanidad se expresaban con fuerza, pero los hombres permanecían muy silenciosos y, sin embargo, sus necesidades no se expresaban con más fuerza que las de los ángeles caídos. La gracia soberana y gratuita oyó la voz de la necesidad humana, mientras detuvo su oído a las necesidades de los ángeles caídos. "Ciertamente no socorrió a los ángeles, sino que socorrió a la descendencia de Abraham" (He. 2:16). "Se manifestó la bondad de Dios nuestro Salvador, y su amor para con los *hombres*" (Tit. 3:4).

Cuarto, Cristo está totalmente preparado para salvar a un mundo perdido. Ser enviado en esa misión demuestra su habilidad para cumplirla. "Por lo cual puede también salvar perpetuamente a los que por él se acercan a Dios, viviendo siempre para interceder por ellos" (He. 7:25). No hay nada malo en el mundo, pero lo que hay es un remedio que se encuentra en Cristo. Cualquiera que muera en el mundo no lo hará porque no haya ayuda para su caso en el Salvador, sino porque no puso su caso en manos de Él. El Salvador del mundo sin duda puede salvar al mundo, ya que fue enviado por Dios en esa misión.

Por último, la salvación de los pecadores perdidos del mundo es muy aceptable para el Dios y Padre de nuestro Señor Jesús, así como para Jesús mismo. De otra manera, Dios no habría enviado a su Hijo a ser el Salvador de la humanidad. "Porque esto es bueno y agradable delante de Dios nuestro Salvador, el cual quiere que todos los hombres sean salvos y vengan al conocimiento de la verdad" (1 Ti. 2:3-4). De ahí que a la salvación de los pecadores se le llame "la voluntad de Jehová", (Is. 53:10). Se dice, por tanto, que dispuso el matrimonio de su Hijo, y envió a sus siervos a conseguir que todos acudan a esa boda (Mt. 22:9). De esto es evidente que no hay ningún impedimento de parte del cielo para la salvación de los pecadores por parte de Jesucristo. Salvar a los pecadores es algo agradable al Padre, a su Hijo y a su Espíritu.

Sentido del título Salvador del mundo. ¿En qué sentido Cristo es Salvador del mundo? *Salvador* es un nombre tanto de honor como de negocios. Es algo honorable salvar y ayudar a los abatidos, ser destinado, nombrado y llamado para ese trabajo. Todo puesto honorable como este conlleva algún trabajo anexo, que se prevé que se atienda con éxito, como en el caso de un maestro, un médico y similares. Es más, los maestros o los médicos *son* prototipos de "salvadores" en la sociedad. Son salvadores en dos maneras: con respecto al cargo y con respecto a la realidad. En el primer sentido, "salvador" habla de alguien llamado e investido con el cargo de salvar, enseñando o curando a la sociedad. Aquellos nombrados para tales cargos son llamados maestros o médicos, es decir, salvadores, incluso antes siquiera que enseñen, curen o salven a alguien. En este respecto a alguien podría llamársele un salvador *oficial*. Hay otro sentido en el cual hablamos de un Salvador *verdadero*. En tales casos, el término se aplica con respecto a la autoridad de salvar, enseñar o curar. Puesto que el primero surge de un nombramiento dado a alguien, esto otro surge del trabajo que administra en virtud de tal nombramiento. De ahí que Nehemías 9:27 exprese: "En el tiempo de su tribulación clamaron a ti, y tú desde los cielos los oíste; y según tu gran misericordia les enviaste libertadores para que los salvasen de mano de sus enemigos".

Nuestro Señor Jesús es el Salvador real de los elegidos solamente, en cuyo sitio y lugar solo él murió en la cruz, según el pacto eterno entre Él y el Padre, el pacto de misericordia llamado de otro modo el pacto de redención (no son dos sino uno y el mismo pacto). De ahí que el apóstol lo llama Salvador del cuerpo (Ef. 5:23). Es decir, en un sentido particular, Él es Salvador de los elegidos, los que conforman el cuerpo del cual fue nombrado Cabeza desde la eternidad. Ellos son aquellos en cuyo favor Él pactó con el Padre en el pacto eterno. Y Él es Salvador de ellos en el sentido de que los salva en realidad: "[María] dará a luz un hijo, y llamarás su nombre JESÚS, porque él salvará a su pueblo de sus pecados" (Mt. 1:21). Nadie más que estos seres pondrán de veras sus casos en manos de Jesús o lo conocerán como Salvador. Y tarde o temprano, cada uno de ellos confiará ciertamente en Él como Salvador. "Creyeron todos los que estaban ordenados para vida eterna" (Hch. 13:48). "Todo lo que el Padre me da, vendrá a mí" (Jn. 6:37).

Nuestro Señor Jesucristo es el Salvador *oficial*, no solo de los elegidos sino del mundo de la humanidad por tiempo indefinido. De ahí que nuestro texto lo llame "Salvador del mundo". En una referencia a la cruz, a Dios en Cristo se le llamó "el Salvador de todos los hombres", pero en un sentido especial, el Salvador "de los que creen" (1 Ti. 4:10).

Cuando un gobernante, por respeto al bienestar de su pueblo comisiona a un médico calificado como médico-cirujano de toda una sociedad, la comisión misma lo constituye médico-cirujano general de toda esa sociedad. Aunque muchos individuos nunca lo emplearan y, por el contrario, llamarán a otros médicos, sin embargo todavía hay una relación entre él y ellos; él es por su cargo el médico-cirujano general de todos ellos.

De igual manera, al mirar a la humanidad arruinada, Dios ha constituido y nombrado a Jesucristo su Hijo como Salvador del mundo. Cristo tiene el título y la autoridad del cielo para este oficio, y donde llega el evangelio, Jesús es levantado como Salvador por oficio. Por este oficio se constituyó una relación entre Él y el mundo de la humanidad. Él es el Salvador de ellos, y ellos son los objetos de su gestión. Cualquiera de ellos puede venir a Él como Salvador, sin dinero o precio, y ser salvo por Él como su propio Salvador nombrado para ese oficio por el Padre. Por eso aquí radica el asunto: en este sentido oficial, Cristo es Salvador de todo el mundo.

Esto aparece aún más claro cuando consideramos el testimonio de la Biblia, el cual es sencillo. Nuestro texto lo llama expresamente Salvador del mundo. Los creyentes samaritanos también profesan su fe en Él: "Ya no creemos solamente por tu dicho, porque nosotros mismos hemos oído, y sabemos que verdaderamente éste es el Salvador del mundo, el Cristo" (Jn. 4:42). Tenemos muy claro el nombramiento celestial en Juan 3:16: "De tal manera amó Dios al mundo, que ha dado a su Hijo unigénito, para que todo aquel que en él cree, no se pierda, mas tenga vida eterna", tal como la serpiente de bronce levantada sobre el madero en el desierto fue ordenada por Dios para curar a los israelitas mordidos por serpientes en todo el campamento. De ahí que a la salvación de Cristo se le llame "común salvación" en Judas 3; cualquiera de los pecadores de la humanidad puede aferrarse a esta salvación. Incluso del nacimiento del Salvador se dijo que son "nuevas de gran gozo, que será para todo el pueblo" (Lc. 2:10), lo cual no habría podido ser si Él no hubiera sido un Salvador para toda la gente. Y por esta razón Él mismo atestigua que vino para salvar al mundo: "No envió Dios a su Hijo al mundo para condenar al mundo, sino para que el mundo sea salvo por él" (Jn. 3:17).

En Juan 12:47 Jesús declara: "No he venido a juzgar al mundo, sino a salvar al mundo". Este es su oficio. Él es puesto como Salvador para todos los pecadores en general; no para este o ese tipo de pecador, sino para todos los pecadores de la humanidad indefinidamente, sin excepción. "Palabra fiel y digna de ser recibida por todos: que Cristo Jesús vino al mundo para salvar a los pecadores" (1 Ti. 1:15). "El Hijo del Hombre vino a buscar y a salvar lo que se había perdido" (Lc. 19:10). Para el mismo propósito se declara como "la luz del mundo", es decir, por oficio (Jn. 8:12). Y todo aquel que lo siga "no andará en tinieblas, sino que tendrá la luz de la vida" (Jn. 8:12). Por eso es que el mensaje del evangelio que nos confió es un mensaje de reconciliación. Debemos suplicar a los hombres en el lugar de Cristo que se reconcilien con Dios (2 Co. 5:19-20).

Si Cristo no fuera el Salvador del mundo, no podría ofrecerse de manera garantizada la salvación que entrega indefinidamente al mundo, sino solo a los elegidos. Si Él no estuviera comisionado al oficio de Salvador de todos los hombres, no sería apropiado llamar a todos los seres humanos a confiar en Él como Salvador más de lo que podría ofrecerse legalmente a los ángeles caídos (que *no* están dentro de esa comisión como salvadores). La oferta del evangelio nunca podría llevarse legalmente adelante más allá de los límites de la comisión de Cristo dada por su Padre.

Pero por la Biblia sabemos que Cristo y su salvación pueden ofrecerse de manera garantizada a todo el mundo de pecadores, con la seguridad de que cualquiera de ellos que se vuelva en fe a Él como Salvador será salvo (Mr. 16:15-16). Además, si no fuera así, la incredulidad de los que escuchan el evangelio y que no lleguen a Cristo por salvación podría no representarles pecado. No puede ser pecado de alguien no hacer algo para lo que no tiene garantía legítima. Nadie podría ser culpable de no volverse a Cristo para salvación, a menos que haya un sentido en el cual Dios haya señalado a Cristo como Salvador de ese culpable. No es pecado para los ángeles caídos no creer en Cristo para salvación, porque ellos no están dentro de la comisión del Salvador. A ellos no se les ordena volverse a Él como Salvador, e incluso, si lo hicieran, lo encontrarían solo como juez, y no como Salvador de ellos.

Pero la Biblia nos dice que no creer en Cristo el Salvador es el mismo pecado que arruina a los oyentes del evangelio que en última instancia perecen: "Esta es la condenación: que la luz vino al mundo, y los hombres amaron más las tinieblas que la luz, porque sus obras eran malas" (Jn. 3:19).

Por último, si no fuera porque Cristo es el Salvador del mundo, los elegidos mismos nunca podrían creer en Cristo a menos que se les revele su elección. Eso es contrario al método establecido de gracia, porque nadie puede creer en Cristo para salvación a menos que esa persona lo vea como su Salvador.

Hay dos aspectos más que deben comentarse antes de seguir adelante:

- Primero, el terreno en el cual Cristo está constituido como Salvador del mundo no es más que la infinita suficiencia del mérito de su muerte y sufrimientos. Cristo murió como sustituto por sus elegidos en particular. El Buen Pastor pone su vida "por las ovejas" (Jn. 10:15). Pero el precio que pagó por ellos fue de valor infinito, y por tanto fue suficiente en sí para salvar a todo el mundo. El pan provisto para ellos, un Cristo crucificado, fue suficiente para darles vida y alimentarlos, no solo a ellos sino a toda la humanidad. Por eso, Él es nombrado Salvador del mundo: "Porque el pan de Dios es aquel que descendió del cielo y da vida al mundo.... Yo soy el pan vivo que descendió del cielo; si alguno comiere de este pan, vivirá para siempre; y el pan que yo daré es mi carne, la cual yo daré por la vida del mundo" (Jn. 6:33, 51).

- Segundo, el título "Salvador del mundo" es un título de honor que Cristo mereció al poner su vida en beneficio de los pecadores. El Padre habla, por tanto: "Te di por luz de las naciones, para que seas mi salvación hasta lo postrero de la tierra" (Is. 49:6). El Padre lo invistió con "toda potestad... en el cielo y en la tierra" (Mt. 28:18). "El Padre a nadie juzga, sino que todo el juicio dio al

Hijo, para que todos honren al Hijo como honran al Padre. El que no honra al Hijo, no honra al Padre que le envió" (Jn. 5:22-23). Esta fue una recompensa adecuada por su labor.

Los asuntos que le han sido entregados como Salvador del mundo. La obra de Cristo es salvar a los pecadores de su pecado: "Llamarás su nombre JESÚS, porque él salvará a su pueblo de sus pecados" (Mt. 1:21). Satanás arruinó el mundo de los hombres haciéndoles pecar. Ellos estaban atados con las cuerdas de la culpa. La imagen de Dios en ellos estaba desfigurada; se contaminaron, se hicieron aborrecibles, y fueron encerrados en esclavitud a un señor extraño.

Pero Dios ha señalado a Cristo Salvador del mundo para que los pecadores puedan llegar a Él y ser liberados de sus pecados. "El que practica el pecado es del diablo; porque el diablo peca desde el principio. Para esto apareció el Hijo de Dios, para deshacer las obras del diablo" (1 Jn. 3:8). El pecado es un mal crónico, cuyo cuidado estaba más allá del alcance de cualquier simple criatura igual que pasa con la resurrección de los muertos. Por eso, Él fue nombrado Salvador en el caso: "He puesto el socorro sobre uno que es poderoso; he exaltado a un escogido de mi pueblo" (Sal. 89:19).

La obra de Cristo también es salvar a los pecadores de la miseria y liberarlos de la destrucción. "Te perdiste, oh Israel, mas en mí está tu ayuda" (Os. 13:9). Los seres humanos son objetos de ira debido al pecado, están puestos bajo la maldición de la ley no cumplida, y son propensos a la ira vengadora por tiempo y eternidad. Pero Cristo es designado para salvarlos de todo esto, al llegar y confiar en Él para ese propósito. "Será aquel varón como escondedero contra el viento, y como refugio contra el turbión; como arroyos de aguas en tierra de sequedad, como sombra de gran peñasco en tierra calurosa" (Is. 32:2).

El pecado dejó entrar al mundo un diluvio de miserias, que

fluyen continuamente en mayor o menor medida sobre los pecadores. Pero Él es un Salvador para liberarlos de esas miserias. "Por él estáis vosotros en Cristo Jesús, el cual nos ha sido hecho por Dios sabiduría, justificación, santificación y redención" (1 Co. 1:30).

APLICACIÓN

Creer. Contemplen aquí, admiren y crean en el gran amor de Dios por un mundo perdido al haberles proporcionado un Salvador, y semejante Salvador: su propio Hijo. La Biblia habla de esto en un carácter muy elevado: "De tal manera amó Dios al mundo, que ha dado a su Hijo unigénito, para que todo aquel que en él cree, no se pierda, mas tenga vida eterna" (Jn. 3:16). Había en Dios amor por los seres humanos: "Se manifestó la bondad de Dios nuestro Salvador, y su amor para con los hombres" (Tit. 3:4). Eso habla de un amor para la especie humana. El amor de Dios por la humanidad se ha manifestado en dos casos eminentes: Primero, al asegurar por un decreto irreversible la salvación de algunos de ellos; y segundo, al proporcionarles un Salvador para toda la especie, constituyendo indefinidamente a su propio Hijo como Salvador de la familia perdida de Adán.

Crean esta verdad con aplicación a ustedes mismos. Si a raíz de esto les empieza a correr por su corazón un murmullo secreto: *pero no fue por mí,* dobléguenlo de raíz, porque es una raíz del infierno. Si ustedes no pertenecen a los demonios, sino a la humanidad pecadora, esto fue en realidad para ustedes. El Padre entregó a Cristo como Salvador por ustedes, para que si creen en Él, no perezcan. Él envió a su Hijo desde el cielo con instrucciones completas y amplios poderes para salvarlos, si ustedes creen. ¿Y no es esto amor? Créanlo, y será la manera de dejarlos entrar a un espectáculo de más amor.

He aquí un fundamento amplio y firme de fe para todos y cada uno de ustedes. Pueden llegar a Cristo cualquiera que sea su caso, y pueden clamar la justicia y la plena salvación de Él para ustedes. Pueden refugiarse en Él como el refugio que les asignó el Padre, un refugio santo del pecado y la ira. Ustedes son tan libres de aferrarse a Él como Salvador, como los israelitas mordidos que debían mirar a la serpiente de bronce. Pueden confiar plenamente en Él para que los salve del pecado y la ira, porque él fue enviado por el Padre como Salvador del mundo. Y si por nombramiento del Padre Él es Salvador del mundo, por oficio Él es Salvador de ustedes y Salvador mío, ya que somos miembros de ese mundo. Por tanto, por fe podemos reclamar salvación del pecado y la ira.

Así como un niño que vive en un distrito escolar puede reclamar enseñanza de alguien que está nombrado maestro de una escuela pública, así como los miembros de una congregación pueden reclamar la predicación de su propio ministro, y así como los heridos en batalla pueden reclamar los servicios de un médico que ha sido nombrado para su regimiento, podemos también testificar "que el Padre ha enviado al Hijo, el Salvador del mundo" (1 Jn. 4:14).

Los pecadores que viven en sus pecados, quejándose y a punto de perecer eternamente en el pecado, no tienen excusa, porque "el Padre ha enviado al Hijo, el Salvador del mundo". Jesús expresó: "Si yo no hubiera venido, ni les hubiera hablado, no tendrían pecado; pero ahora no tienen excusa por su pecado" (Jn. 15:22). Los pecadores son destruidos con sus deseos vivos y violentos. Están arruinados por estos como con heridas abiertas, y sus almas sangran como con heridas mortales. En este estado se aferran a las entrañas de la culpa y dicen que no pueden evitarla. Uno hay que no puede dejar de decir vulgaridades, otro su sensualidad, otro más su orgullo, pasión, codicia, ignorancia crasa, o su antiguo corazón no renovado. Pero lo cierto es que no quieren ayuda. Jesús manifestó: "No queréis venir a mí para que tengáis vida" (Jn. 5:40). Si ustedes no pueden evitar el pecado, tienen un Salvador que puede ayudarles, y sin duda les ayudará si llegan a Él. Pero si no lo hacen, perecerán en sus pecados. Jesús advirtió:

"Os dije que moriréis en vuestros pecados; porque si no creéis que yo soy, en vuestros pecados moriréis" (Jn. 8:24).

Sepa con certeza que si alguno de ustedes *pereciera* —y lo hará si continúa en sus pecados—, no perecerá por falta de un Salvador. En el tribunal de Dios, los malos pueden decir: "No podíamos ser salvos de nuestros pecados porque no había Salvador designado para nosotros". Los paganos pueden decir: "No podíamos ser salvos porque aunque estábamos dentro del alcance de la comisión del Salvador, nunca lo supimos. Nunca nos lo hicieron saber". Sin embargo, ¿qué tendrán *ustedes* que decir cuando su Salvador se siente a juzgarlos y los condene a sufrir la venganza del fuego eterno? Su única respuesta será que no quisieron recibir nada de él o de su salvación. Ustedes no quisieron ser salvos de sus pecados. No confiaron en Él como Salvador, aunque tuvo la comisión de su Padre para ser el Salvador del mundo... y Salvador de ustedes. Aunque esto se les explicó, no lo recibieron como su Salvador. Prefieren morir en sus pecados que confiar en Él.

Examínense. ¿Es el Salvador del mundo por oficio el verdadero Salvador de ustedes? ¿Los ha salvado? No crean que Cristo postergará su salvación de pecadores hasta que lleguen al cielo. Es verdad que nadie es *completamente* salvo hasta que vea al Señor (1 Jn. 3:2). Pero si la salvación por Cristo no comenzara aquí, ustedes nunca llegarán allá. Dios "nos salvó, no por obras de justicia que nosotros hubiéramos hecho, sino por su misericordia, por el lavamiento de la regeneración y por la renovación en el Espíritu Santo, el cual derramó en nosotros abundantemente por Jesucristo nuestro Salvador, para que justificados por su gracia, viniésemos a ser herederos conforme a la esperanza de la vida eterna" (Tit. 3:5-7).

No tienen delante del Señor derecho a su mesa, si Él no ha sido un verdadero Salvador para ustedes. Si Él no los ha salvado del pecado y la ira inicialmente (aunque no completamente) no tienen parte con Él.

Sin embargo, tan pronto como un pecador se vuelve a Jesús, Él lo justifica por completo. ¿Cuáles son las características de fe que siguen?

Primera, si Cristo ha comenzado de veras a salvarlos, ustedes tendrán los pensamientos acerca del pecado y de la ira de Dios que tiene el hombre salvo. Si un hombre a punto de ahogarse fuera sacado vivo del agua, o de un charco sucio y apestoso, y estuviera allí de pie, mirando el charco después de su salvada milagrosa, ¿cuáles serían sus pensamientos acerca de esa agua, de ese charco, donde una vez estuvo hasta el cuello y casi muere? Tales serían los pensamientos de ustedes acerca del pecado y de la ira de Dios. Tendrían pensamientos solemnes y devotos de la ira de Dios por sobre todas las cosas que temen. "Así que, recibiendo nosotros un reino inconmovible, tengamos gratitud, y mediante ella sirvamos a Dios agradándole con temor y reverencia; porque nuestro Dios es fuego consumidor" (He. 12:28-29). Jesús manifestó: "No temáis a los que matan el cuerpo, mas el alma no pueden matar; temed más bien a aquel que puede destruir el alma y el cuerpo en el infierno" (Mt. 10:28). De todos los terrores, la ira divina será para ustedes la más terrible.

Los que se encuentran en estado de ira o han perdido su sentido de la ira de Dios, no saben dónde están, o sueñan con algún lugar agradable. Y así continúan pacíficamente en sus pecados, imperturbables con pensamientos de ira. O bien, tienen algunos temores terribles de ello, pero podrían creer que hay algo más terrible. Por tanto, prefieren pecar que sufrir las dificultades que acompañan la mortificación del pecado. Si no, sus corazones arden con el terror a la ira de Dios, y mientras tanto al menos se muestran fríos como la piedra en cuanto al amor y al afecto inocente de aquel Dios de quien es la ira. Pero las almas salvadas ven la ira de Dios como lo más horrible de todo, sin embargo tienen reverencia y afecto puro hacia ese Dios a quien pertenece la ira.

Segunda, si Cristo es realmente su Salvador, ustedes tendrán por Él una estima y un amor transcendentes. "Para vosotros, pues, los que creéis, él es precioso" (1 P. 2:7). Su sangre purificadora de conciencia, y su Espíritu santificador del alma serán más valiosos para ustedes que mil mundos; desearán eso por sobre todo, correrán y anhelarán tales cosas. Buscarán más y más de la sangre y el Espíritu de Cristo. En comparación con esos aspectos, todo el mundo no será más que pequeñeces ante los ojos de ustedes, del cual estarán felices de apartarse a fin de ganar las riquezas de Cristo: "[El mercader] habiendo hallado una perla preciosa, fue y vendió todo lo que tenía, y la compró" (Mt. 13:46). Jesús mismo enseñó: "Si alguno viene a mí, y no aborrece a su padre, y madre, y mujer, e hijos, y hermanos, y hermanas, y aun también su propia vida, no puede ser mi discípulo" (Lc. 14:26). Pero quienes lo conocen saben que Él vale cualquier precio:

Ciertamente, aun estimo todas las cosas como pérdida por la excelencia del conocimiento de Cristo Jesús, mi Señor, por amor del cual lo he perdido todo, y lo tengo por basura, para ganar a Cristo, y ser hallado en él, no teniendo mi propia justicia, que es por la ley, sino la que es por la fe de Cristo, la justicia que es de Dios por la fe (Fil. 3:8-9).

Tercera, si ustedes han confiado en Cristo como su Salvador verdadero, estarán gimiendo bajo los restos de la enfermedad del pecado del cual han sido salvados. Su conciencia dará testimonio de que desearán librarse del pecado. "¡Miserable de mí! ¿Quién me librará de este cuerpo de muerte?" (Ro. 7:24). Sus almas estarán anhelando la salvación completa, de modo que no verán más los enemigos que hoy ven. Ansiarán esa victoria total sobre todas las corrupciones: "Nosotros también gemimos dentro de nosotros mismos, esperando la adopción, la redención de nuestro cuerpo" (Ro. 8:23).

Reciban al Señor Jesús. Aférrense de Cristo como *su* Salvador, oh pecadores. Recíbanlo en esa misión en que el Padre lo envió: como el Salvador del mundo, y como Salvador de ustedes que están perdidos en sus pecados. Perdidos bajo la ira de Dios. Perdidos bajo la maldición de la ley. Así que vengan a Él para tener salvación total. Pongan su caso en sus manos como su Salvador por nombramiento del Padre; y no lo menosprecien más. Antes que nada, consideren que necesitan un Salvador. La enfermedad del pecado los arruinará si no son salvos de ella. La culpa del pecado los estacará bajo la ira, y la ira de Dios los hundirá en el infierno. Mientras el pecado mantenga su dominio ininterrumpido sobre ustedes, pueden tener la seguridad de que la culpa no será quitada. "Los sanos no tienen necesidad de médico, sino los enfermos" (Mt. 9:12). "Del árbol de la ciencia del bien y del mal no comerás; porque el día que de él comieres, ciertamente morirás" (Gn. 2:17).

No hay Salvador aparte de Cristo. "En ningún otro hay salvación; porque no hay otro nombre bajo el cielo, dado a los hombres, en que podamos ser salvos" (Hch. 4:12). Todos los demás son médicos sin valor. Todos sus esfuerzos no los salvarán, ni nada que ninguna criatura pueda hacer por ustedes.

Además, Cristo puede salvarlos. "Puede también salvar perpetuamente a los que por él se acercan a Dios, viviendo siempre para interceder por ellos" (He. 7:25). Sea cual sea el caso de ustedes, hay mérito infinito en la sangre de Jesús para quitar la culpa más profunda. "La sangre de Jesucristo su Hijo nos limpia de todo pecado" (1 Jn. 1:7). Hay una eficacia infinita de su Espíritu para santificar a los más impíos: "Esto erais algunos; mas ya habéis sido lavados, ya habéis sido santificados, ya habéis sido justificados en el nombre del Señor Jesús, y por el Espíritu de nuestro Dios" (1 Co. 6:11). Si dudan de eso, deshonran a Cristo y a su Padre que lo envió. "Entonces hablaste en visión a tu santo, y dijiste: He puesto el socorro sobre uno que es poderoso; he exaltado a un escogido de mi pueblo" (Sal. 89:19).

Cristo está dispuesto a salvarlos: "El Espíritu y la Esposa dicen: Ven. Y el que oye, diga: Ven. Y el que tiene sed, venga;

y el que quiera, tome del agua de la vida gratuitamente" (Ap. 22:17). Lo único que les falta es buena voluntad para ser salvos. "¡Ay de ti, Jerusalén! ¿No serás al fin limpia?" (Jer. 13:27). No deben tener miedo de ser rechazados si vienen a Él. Jesús dice: "Al que a mí viene, no le echo fuera" (Jn. 6:37). Él ha tomado sobre sí el oficio de Salvador del mundo, y no puede rechazar la responsabilidad que tiene.

Por último, o lo reciben como Salvador del pecado y la ira, según Él fue comisionado desde el cielo, o serán culpables por rechazarlo como su Salvador, después que el propio Padre, nuestro Dios, lo ha ungido y comisionado para tal efecto.

Consideren cómo responderán a eso delante del tribunal de juicio.

¿Cómo pueden recibirlo y aferrarse a Él? Solo por fe. Solo creyendo en Él estando convencidos de pecado y de que se encuentran en un estado desesperado, y deseando ser salvos de ambas cosas. Crean que Cristo es el Salvador *de ustedes* por nombramiento del Padre; y confíen plenamente en Él como un Salvador crucificado, para salvación completa, debido a la fidelidad de Dios en su Palabra.[1]

---

1. Sermón de Thomas Boston, predicado inmediatamente antes de la celebración de la Cena del Señor, en Ettrick, Escocia, el 7 de junio de 1724. Boston era un pastor y escritor escocés, mejor conocido hoy día por su libro *Human Nature in Its Fourfold State* (Edimburgo: Banner of Truth).

Apéndice 4

El amor de Dios hacia el mundo

NOTA DEL EDITOR: El siguiente texto es un extracto de un ensayo de John Brown, uno de varios predicadores escoceses que llevan ese nombre. Se le recuerda mejor por la obra de la que se toma este texto.

"De tal manera amó Dios al mundo, que ha dado a su Hijo unigénito, para que todo aquel que en él cree, no se pierda, mas tenga vida eterna" (Jn. 3:16).

Procedamos ahora a considerar la fuente principal de esta riqueza de salvación, como lo declaró nuestro Señor. El amor de Dios, el amor de Dios por el mundo. "De tal manera amó Dios al mundo" (Jn. 3:16).

Según la doctrina de la expiación, y en consecuencia con la justicia del carácter y la ley del Hijo, la doctrina de la muerte del encarnado unigénito Hijo de Dios como víctima por los pecados de los seres humanos fue necesaria a fin de que la misericordia divina se manifestara a los pecadores en comunicar perdón y salvación. A los defensores de esta doctrina se les ha acusado a menudo de sostener que la intervención del divino Hijo fue necesaria para producir en el seno de su divino Padre una disposición de piedad, y salvar a la humanidad. Además, según se ha dicho forzadamente, "más que las mismas almas de los hombres, la compasión de Dios constituyó la compra hecha por el Hijo encarnado cuando entregó su vida en rescate". Se ha dicho que Padre e Hijo representan la divinidad como un ser de resentimientos tan feroces, que nada podía mitigarlos sino las lágrimas y las oraciones, la sangre y la muerte, del propio Hijo. Debe reconocerse que la doctrina de la expiación no siempre se ha enseñado en "las palabras que producen sana doctrina", y a veces ese lenguaje lo han empleado en el tema hombres buenos que parecían más bien insinuar que Cristo murió a fin de que Dios pudiera ser inducido a sentir lástima y salvar a los hombres, más bien que el hecho de que murió porque Dios se apiadó de la humanidad y decidió salvarla.

Sin embargo, la doctrina de la expiación como se enseña en la Biblia no establece ninguna base para tales conclusiones. Según las declaraciones bíblicas, "Dios es amor", perfecto en benignidad, "rico en misericordia". Cuando erramos al formar concepciones sobre este tema, no lo hacemos por defecto sino por exceso. Nuestras ideas están muy por debajo de la verdad, en lugar de sobrepasarla.

No hubo, ni podría haber, discordancia entre las personas de la deidad, en referencia a la salvación del ser humano. La voluntad de la deidad es una, y necesariamente debe ser una. Ni por un momento debemos suponer que el Padre y el Espíritu no estaban inclinados a la salvación de la humanidad, y que el Hijo se encarnó, padeció y murió para inducirlos a cumplir con su disposición de favorecer a la especie culpable y arruinada. La maravillosa riqueza de la redención es el fruto de esa benignidad soberana que pertenece igualmente al Padre, al Hijo y al Espíritu Santo. En esa riqueza, el Padre sustenta la majestad de la divinidad. Todo se representa como que se origina en Él. Pero su santidad es la santidad de la divinidad; su justicia, la justicia de la divinidad; su amor, el amor de la divinidad.

Cristo no murió para que Dios pudiera amar a la humanidad; murió porque Dios ama a la humanidad. "Dios muestra su amor para con nosotros, en que siendo aún pecadores, Cristo murió por nosotros" (Ro. 5:8).

En esto se mostró el amor de Dios para con nosotros, en que Dios envió a su Hijo unigénito al mundo, para que vivamos por él. En esto consiste el amor: no en que nosotros hayamos amado a Dios, sino en que él nos amó a nosotros, y envió a su Hijo en propiciación por nuestros pecados (1 Jn. 4:9-10).

Por tanto, la expiación no es la causa sino el efecto del amor de Dios. Es el maravilloso recurso ideado por la sabiduría infinita que presenta la manifestación de la bondad soberana a una humanidad culpable. No se trata simplemente de algo coherente con la justicia del carácter divino, sino gloriosamente de algo ilustrativo de este carácter, según se mostró tanto en los requisitos como en las sanciones de esa ley santa que el ser humano había incumplido.

Dicha ley no es una institución arbitraria. Es simplemente la encarnación de esos principios que son necesarios para la felicidad de seres inteligentes y responsables, mientras siguen siendo lo que son, y Dios sigue siendo lo que Él es. La ley no se origina en soberanía sino en esa unión de perfecta sabiduría, santidad y benignidad que forma el carácter moral de Dios y sostiene que la ley es una necesidad de su naturaleza. Él no puede requerir menos que verdad, justicia y benignidad de parte del ser humano. Esta ley ha sido violada por el hombre. La consecuencia fue que el ser humano se hizo responsable de las secuelas de la transgresión, ya que había pecado y merecía morir. A toda mente creada, la destrucción eterna y sin esperanza del pecador debió haber parecido el resultado de este estado de cosas. "Pero Dios, que es rico en misericordia" e infinito en sabiduría, ideó y ejecutó un plan por medio del cual el honor de la ley pudiera ser reivindicado, y aún así los violadores de esa ley resultaran perdonados y salvados. De este modo, la maldad del pecado podría mostrarse al universo inteligente en una luz mucho más fuerte que si toda la especie humana pereciera para siempre, pues contrariamente a esto, una multitud innumerable de esa especie auto-arruinada sería rescatada de la destrucción y salvada "con salvación eterna" (Is. 45:17).

El Hijo unigénito, en gustosa conformidad con el nombramiento misericordioso de su Padre, tomó el lugar de los culpables. En su naturaleza y capacidad, y en circunstancias de la mayor tentación y dificultad, rindió obediencia perfecta a esa ley que ellos habían violado, mostrando de esta forma lo razonable y excelente de todos los requerimientos de dicha ley. Además, en la valoración de infinita sabiduría, justicia y capacidad, se sometió a tales sufrimientos y honró apreciablemente la parte sancionadora de la ley divina: el castigo eterno que los hombres pecadores pudieron haber recibido. "Dios puso como propiciación [a su Hijo] por medio de la fe en su sangre, para manifestar su justicia, a causa de haber pasado por alto, en su paciencia, los pecados pasados, con la mira de manifestar en este tiempo su justicia, a fin de que él sea el justo, y el que justifica al que es de la fe de Jesús" (Ro. 3:25-26), un "Dios justo y Salvador" (Is. 45:21).

Hasta aquí he tratado de mostrarles que la expiación de Cristo no es la causa del amor de Dios por los pecadores, sino el medio por el cual, en su sabiduría, Él planeó manifestar su amor de manera consecuente con su justicia. Ahora voy a ilustrar de una manera más particular la gran verdad en la cual en esta parte del tema deseo que fijen su atención: que toda esa maravillosa riqueza de la salvación desarrollada por nuestro Señor procede del amor de Dios, del amor de Dios por el mundo.

EL AMOR DE DIOS: ORIGEN DEL PLAN DE SALVACIÓN

Podemos comenzar preguntando: ¿En qué pudo originarse el plan de salvación sino en el amor, en una muestra de benignidad pura y soberana? Observemos los atributos y las relaciones de

Dios, y examinemos después el carácter y las circunstancias del hombre. Veamos primero al Dador, y luego a los destinatarios de la salvación, y preguntemos: ¿de qué fuente pudo fluir sino de bondad espontánea?

Miren hacia arriba a Dios y digan si algo más que bondad soberana pudo haberlo impulsado a idear y ejecutar el plan de salvación humana. No pudo ser justicia estricta lo que influyó en Él, eso habría llevado a imponer castigo, no a conceder beneficios. Aquello habría llevado a la destrucción del ser humano, no a su salvación. Las consideraciones egoístas son, desde la absoluta independencia del Ser divino, totalmente imposibles. Los orígenes de la felicidad divina, al igual que los de la excelencia divina, están en la misma naturaleza divina. Ninguna criatura puede aumentar o disminuir la felicidad de Dios. Nuestra gratitud, obediencia y alabanza por los beneficios de la salvación no pueden aumentar su felicidad. Nuestra bondad no se le ha ofrecido a Él (Sal. 16:2). "¿Traerá el hombre provecho a Dios? Al contrario, para sí mismo es provechoso el hombre sabio. ¿Tiene contentamiento el Omnipotente en que tú seas justificado, o provecho de que tú hagas perfectos tus caminos?" (Job 22:2-3). Y si este maravilloso plan de salvación no podría originarse en un deseo egoísta por nuestros servicios y nuestras alabanzas, tampoco podría originarse en un temor egoísta de nuestros intentos de enemistad, reproches o rebeliones contra el gobierno divino. La misma idea es tan absurda como blasfema. "¿Acaso te castiga, o viene a juicio contigo?" (Job 22:4). "Si pecares, ¿qué habrás logrado contra él? Y si tus rebeliones se multiplicaren, ¿qué le harás tú?" (Job 35:6). "Al hombre como tú dañará tu impiedad" (v. 8), pero no a Dios. Él fácilmente puede acabar con todos los intentos que hombres y demonios pueden hacer contra su gobierno, pero en tantas ocasiones para mostrar su sabiduría, poder y justicia. Si toda la humanidad pecadora se hubiera confinado a la perdición eterna, ¿No habría Él reunido por toda la eternidad un rédito de elogios de los sufrimientos de ellos como ilustraciones de la inmaculada santidad, justicia inflexible y fidelidad inviolable de Dios? ¿No lo habría hecho sin menospreciar su benignidad, la cual en realidad se habría manifestado en los interminables sufrimientos de ellos, como en los de "los ángeles que no guardaron su dignidad" (Jud. 6)? ¿No son tales inflexiones medios directos de defender esa ley, que es tan necesaria para la felicidad de sus criaturas inteligentes como lo es el honor de su carácter o la estabilidad de su trono?

Por eso, cuando levantamos la mirada hacia Dios, el Dador de las bendiciones de salvación de los cristianos, nos vemos obligados a decir: "Nada menos que el amor podría influir en Él al conferirles tal salvación". Y cuando dirigimos nuestros pensamientos hacia los destinatarios de estos beneficios, somos conducidos por un proceso muy corto de razonamiento hacia la misma conclusión. No hay nada en la situación o el carácter del ser humano que pueda llevarnos a rastrear a nada más que benignidad pura las bendiciones que se le han conferido.

El hombre es una criatura, por lo que, estrictamente hablando, no puede reclamarle nada a Dios. Fue el libre y soberano placer del Señor crearlo o no crearlo; y cuando lo creó, fue su placer soberano que lo hizo un ser vivo, pensante e inmortal, en lugar de un bruto irracional, o un terrón inanimado. Como criatura, el ser humano, en común con todas las criaturas, debe ser un pensionado en recompensas divinas por cada bendición. Pero aunque en ningún caso pudo el hombre haberle reclamado a Dios, si hubiera continuado lo que Dios hizo, un ser inocente y santo, con toda seguridad podríamos afirmar que tanto la equidad como la benignidad de Dios le habrían asegurado todo lo necesario para la felicidad verdadera y permanente.

Sin embargo, el hombre es pecador. Es culpable de innumerables transgresiones a la santa ley, una sola de las cuales merece destrucción eterna; y él, como lo encuentra la economía de la gracia, no es pecador penitente. No, el hombre es un rebelde endurecido que continúa en sus transgresiones, como lo declara el salmista: "Jehová miró desde los cielos sobre los hijos de los hombres, para ver si había algún entendido, que buscara a Dios. Todos se desviaron, a una se han corrompido; no hay quien haga lo bueno, no hay ni siquiera uno" (Sal. 14:2-3). ¿Qué pudo inducir a Dios a salvar a tales seres? Santidad, justicia, sabiduría. De no haber estado unidos en la naturaleza divina con benignidad infinita, ¿se habrían sugerido algo más que "pensamientos de bien" hacia criaturas tan contaminadas, rebeldes, peores que inútiles y pícaras? Un conjunto de seres a quienes el simple acto de voluntad pudo haber aniquilado, o castigado con "destrucción eterna". ¿Qué, si no amor y pura compasión soberana, pudo haber declarado: "Que le diga que Dios tuvo de él misericordia, que lo libró de descender al sepulcro, que halló redención" (Job 33:24)?

Como es evidente que nada más que el amor pudo haber sido la fuente de la riqueza de la salvación humana, es igual de evidente que ese amor debió haber tenido una profundidad, una longitud y una amplitud que excede la capacidad informática de las inteligencias creadas (Ef. 3:17-19). Bien podemos quedarnos maravillados igual que el apóstol, y exclamar: "Mirad cuál amor" (1 Jn. 3:1). "En esto consiste el amor" (1 Jn. 4:10), como si todas las demás muestras de benignidad divina fueran indignas de consideración comparadas con esta.

Hay dos maneras por las cuales medimos naturalmente la fortaleza de un afecto benevolente: el valor intrínseco de los beneficios concedidos a los objetos del mismo; y el costo, trabajo y sufrimiento en que ellos obtienen esos beneficios. Apliquemos, o más bien intentemos aplicar estas medidas al caso que tenemos por delante, y nos veremos obligados a confesar que este amor sobrepasa el conocimiento (Ef. 3:19).

La salvación que es por Cristo incluye liberación de numerosos, variados, inmensos e interminables males. Es liberación de "perecer". También incluye restauración de numerosas, variadas, inmensas e interminables bendiciones. Es disfrutar de "vida eterna". Es liberación del mal moral y físico en todas sus formas y en todos sus grados por los siglos de los siglos, así como la posesión de una felicidad adecuada y dispuesta para un desbordamiento de todas nuestras capacidades de disfrutar de nuestro ser durante toda la eternidad. Cuando pensamos en la cantidad, la variedad y el valor de las bendiciones celestiales y espirituales que se nos han otorgado, debemos reconocer que el amor con que Dios nos ama es un "gran amor"; al reflexionar en la herencia incorruptible, incontaminada e imperecedera, nos vemos obligados a expresar que la misericordia que ofrece "es abundante misericordia". Podemos aplicar esta medida, pero de manera muy inadecuada. Solamente los que están perdidos sin esperanza saben de qué los libra la salvación de Cristo. Solamente los bendecidos en el cielo saben qué exalta la salvación de Cristo. Incluso conocen de modo imperfecto estas cosas. La eternidad revelará nuevos horrores en unos y nuevas glorias en otros.

Si tratamos de aplicar el segundo principio, pronto llegaremos al mismo resultado. Para obtener estas bendiciones, el Hijo de Dios debe encarnarse, obedecer, padecer y morir. Dios no escatimó ni a su propio Hijo, sino que lo entregó por nosotros como víctima por nuestras transgresiones (Ro. 8:32). A quien no conoció pecado, lo hizo pecado por nosotros (2 Co. 5:21). Lo hizo llevar las iniquidades de todos nosotros. Le agradó al Señor magullarlo; y Él fue herido por nuestras rebeliones, molido por nuestras transgresiones, y el castigo de nuestra paz fue sobre Él (Is. 53:5-6). Aquel que era en la forma de Dios, y que no pensó en aferrarse a ser igual a Dios, sino que renunció a sus privilegios divinos, tomó la forma de siervo, se humilló, y se hizo obediente hasta la muerte, incluso muerte en la cruz (Fil. 2:6-8). Si fue una fuerte prueba del respeto de Abraham hacia Dios el hecho de que no retuviera para sí mismo a su hijo, su único hijo, ¿cómo estimaremos el amor de Dios por un mundo perdido, que lo llevó a entregar a su único y amado Hijo para que Él mismo pudiera ser un sacrificio y una ofrenda por la salvación del ser humano?

EL AMOR DE DIOS POR EL MUNDO: ORIGEN DEL PLAN DE SALVACIÓN

Existe otra idea a la que deseo que prestemos un poco de atención en esta parte del tema. El amor en el cual se origina la riqueza de la salvación es amor por el mundo. Dios amó tanto al mundo que entregó a su Hijo unigénito. El término "mundo" equivale aquí simplemente a humanidad. Parece que es utilizado por nuestro Señor con una referencia a los puntos de vista muy limitados y exclusivos de los judíos, quienes creían que Dios los amaba a ellos y odiaba a todas las demás naciones. Estos eran sentimientos judíos propios, y neciamente creían que Dios era totalmente como ellos. En consecuencia, esperaban que el Mesías viniera a liberar a Israel y a castigar y destruir a las demás naciones de la tierra. Pero los caminos de Dios no eran los caminos de ellos, ni sus pensamientos eran los de ellos. Como los cielos son más altos que la tierra, así los caminos de Él estaban por encima de los caminos de ellos, y los pensamientos de Él estaban por encima de los de ellos (Is. 55:8-9).

Algunos han supuesto que la palabra "mundo" no describe aquí a la humanidad en general, sino a toda una clase particular, esa porción de humanidad que según el propósito divino de misericordia, en última instancia, se convertiría en partícipe de la salvación de Cristo. Pero esto es darle al término un significado totalmente injustificado por el uso de las Escrituras. No puede haber duda en la mente de alguien que entiende la doctrina de la elección personal, de que quienes son realmente salvos son objetos de un amor especial de parte de Dios, y que la ofrenda del Salvador tuvo un diseño especial en referencia a ellos. Pero puede haber muy poca duda de que la expiación de Cristo tiene una referencia general a la humanidad en general, y que fue concebida como una muestra de amor de parte de Dios por nuestra especie culpable. La expiación ofrecida por Cristo Jesús no solo fue suficiente para la salvación de todo el mundo. También fue pensada y adecuada para eliminar del camino de la salvación de los pecadores en general, todo obstáculo que las perfecciones del carácter moral divino y los principios del gobierno de la moral divina presentaran. Sin esa expiación, ningún pecado pudo haber sido perdonado en coherencia con la justicia. Como consecuencia de esa expiación, todo pecador puede ser y será perdonado y salvado si cree en Jesús. Por medio de esta expiación, el ser divino se revela indiscriminadamente como alguien misericordioso y listo para perdonar a los pecadores. Y las invitaciones y promesas que garantizan que los seres humanos confíen en Cristo para salvación están dirigidas a todos, y son ciertas y aplicables a todos sin excepción o restricción.

La revelación de misericordia hecha en el evangelio se refiere a los humanos como pecadores, no como pecadores elegidos. La elección o no elección es algo de lo cual, al llamárseles a creer el evangelio, son necesaria y totalmente ignorantes, y con lo cual no tienen nada que ver. "Se manifestó la bondad de Dios nuestro Salvador, y su amor para con los hombres", es decir, la filantropía divina (Tit. 3:4). "Dios estaba en Cristo reconciliando consigo al mundo" (2 Co. 5:19). Él aparece en la revelación de misericordia como el Dios que no se complace en la muerte de los malvados, quien desea que todos los hombres sean salvos y que lleguen al conocimiento de la verdad (Ez. 33:11; 1 Ti. 2:3-4). "La gracia de Dios" revelada en el evangelio trae "salvación a todos los hombres", sin excepción, a quienes la reciben en la fe de la verdad (Tit. 2:11).

Estoy convencido de que la doctrina de la elección personal se enseña muy claramente en la Biblia. Pero estoy igualmente convencido de que el ministro que no entiende esa doctrina le resulta, en menor grado, obstaculizándole la presentación de una salvación plena y gratuita como regalo de Dios para todo aquel que oye el evangelio. Además, tal individuo abusa de la doctrina que le resulta en algo que actúa como una barrera en la manera en que, como pecador, puede recibir todas las bendiciones de la salvación del cristiano al creer en la verdad. En realidad, si la doctrina se entiende en forma adecuada, no puede tener tal efecto. Porque, ¿qué es esa doctrina sino solo esto, en pocas palabras: Que es absolutamente cierto que gran multitud de seres humanos se salvará por medio de Cristo? También es muy cierto que si alguno de aquellos a quienes se ofrece la salvación permanece desprovisto de ella, y perece para siempre, esto se debe por completo a su obstinado rechazo a lo que se le presenta de manera gratuita y sincera. La bondad de Dios, según se manifestó en el regalo de su Hijo, es bondad hacia la humanidad, y cuando como individuo atribuyo al hombre la bondad de Dios, tan curiosamente mostrada y tan abundantemente probada, no logro encontrar ninguna razón por la que no deba depender de esta bondad y, por tanto, espero ser salvo incluso como otros.

Cada vez que alguien duda en depender de la misericordia de Dios, por no estar seguro de si es elegido o no, da clara evidencia de que aún no ha entendido el evangelio. No ha comprendido la manifestación del amor de Dios por el ser humano. Cuando ve en Cristo a Dios reconciliando al mundo consigo mismo, no necesita preguntar: *¿Es tal el plan de misericordia que se me garantiza aceptarlo? ¿No puedo de alguna manera ser excluido al valerme de él?* Ya no han de considerarse estas y otras insinuaciones similares que le apartan la mente de la voz de Dios y lo llevan a pensar en las especulaciones de su propia mente. Tal persona ve a Dios rico en misericordia, listo para perdonar, justo y justificador de los impíos. No puede dejar de confiar en Dios. "Jehová", como felizmente se ha dicho, por la manifestación de lo que ha hecho, especialmente al enviar a Cristo y entregarlo, "el justo por los injustos", defiende su propia causa con tan sumiso sentimiento que no hay más poder de resistencia. Pero la persona que es el objeto de la demostración de este amor cede ante la autoridad y la gloria de la verdad. Cuando el pecador cree afectuosamente el evangelio, recibe con alegría y gratitud "al Salvador del mundo" como su Salvador, y confía en que por la gracia de Dios participará de "la salvación común".[1]

---

1. John Brown (1784-1858) fue uno de varios predicadores escoceses con ese nombre. Se le conocía por su exposición bíblica, y su obra más conocida es la de la que se extrae este ensayo: *Discourses and Sayings of Our Lord Jesus Christ*, 3 vols. (Edimburgo: Banner of Truth, 1990, reimpresión), 1:28-36.

JOHN MACARTHUR
Autor de éxitos de ventas según el *New York Times*

EL
ANDAR
DEL
CREYENTE
CON
CRISTO

Este libro sondea nueve pasajes del Nuevo Testamento para desarrollar este gran tema y ayudarnos a vivir en sintonía con el Espíritu. Escrito en el estilo directo y accesible de John MacArthur, es ideal para grupos de estudio bíblico, líderes de iglesias o creyentes individuales que desean crecer en santidad.

MacArthur recurre a toda una vida de experiencia académica y pastoral para desmitificar ese proceso y explicar claramente lo que dice la Escritura al respecto. Él te ayudará a saber lo que significa crecer en la madurez cristiana y cómo hacer que sea la marca de tu vida.

JOHN MACARTHUR

EL EVANGELIO SEGÚN DIOS

EL CAPÍTULO MÁS NOTABLE DEL
ANTIGUO TESTAMENTO

Es fácil volverse complaciente con el significado del evangelio, especialmente después de años de caminar con el Señor. La palabra misma puede volverse un lugar común, solo otro término en el glosario cristiano. Sin embargo, el evangelio no es algo común o rutinario. Sus maravillas, alegrías e implicaciones son infinitas. Cuanto más tiempo y más profundo lo miras, más resplandece la gloria.

En el libro *El Evangelio según Dios*, John MacArthur nos muestra por qué Isaías 53 es llamado acertadamente el primer Evangelio. Veremos el evangelio detallado en las propias palabras de Dios al revelar a su Mesías, su amor por Israel y sus promesas para nosotros.

JOHN MACARTHUR
Autor de éxitos de ventas según el *New York Times*

LA
DEIDAD
DE
CRISTO

La deidad de Cristo es una defensa bíblica de la divinidad de Jesús, la piedra angular de la doctrina cristiana. Usando más de una docena de textos del Nuevo Testamento, el pastor y teólogo John MacArthur explora cómo Jesús es Dios, y por qué es importante. Este estudio profundizará tu conocimiento de Cristo, y por lo tanto tu amor por Él, fortificando tu voluntad y aumentando la adoración.